与える人になりなさい

じいちゃんと僕たちの、フルーツサンド行進曲

大山皓生

すばる舎

フルーツサンドには、人生の大切なことがすべて詰まっている。

プロローグ

就任日に3000万円の負債を背負った新米社長

２０１８年４月。

最近、大河ドラマ『どうする家康』で有名になった僕の故郷、愛知県岡崎市で桜が満開になったころだった。

じいちゃんが創業した八百屋の後継ぎとして入社し、３カ月が経った春のとある日、僕はいつものように閉店した店の片付けをしていた。

「こうき、ちょっと話をしようか」

背中から声をかけられて、じいちゃんと僕は店の奥にある事務所に行き、机をはさんで向かい合って座った。

「じいちゃん、どうしたの？」

「こうき、そろそろおまえに社長になってもらおうと思う」

「……え？　社長？」

じいちゃんからの突然の提案に僕は面食らった。

「あのさ、じいちゃん、それはさすがに早すぎじゃない？　だって俺、まだ入社して3カ月だよ？」

「いや、おまえなら大丈夫だ。もうまかせられるからよろしく頼む」


自分が八百屋であるダイワを継ぐということが、遅かれ早かれ時間の問題だということは心の底では覚悟していた。しかし、その提案が想像よりずっと早く、またあまりにも突然だったことに僕はびっくりした。

しかも、じいちゃんは打診ではなく、〝決定〟としてそのことを伝えてきたのだ。


恥ずかしながら、僕は企業というところで働いたことがない。

よくテレビで、上司が部下を呼んで「課長になってくれ」と言い、部下が動揺する、そんなシーンを見かけたことはある。しかし、それは僕にとっては遠い世界のできごとだった。

しかもそれが「課長」ではなくて「社長」。

いくら家族でやっている会社だったとしても、その重さくらいはわかる。

「社長」という提案がドシッと僕の心にのしかかってきた。

しかしそこは、ずっと見てきたじいちゃんの性格を考えれば、冗談で言っているわけではないということもわかった。

「こうき、どうせ苦労するなら早いほうがいい。だから若いうちに社長になれ」

幼いころから、じいちゃんにそう言われてきた。

しかし、まさかこんなに早いとは。


「人から出されたものは何でも食べる。人から提示されたことは何でもやってみる」

これがまだ若いなりの僕の中での1つの哲学のようなものだった。

そのセオリーに従うとすれば、答えは一択だった。

「……じいちゃん、わかったよ。俺やってみる」

そうは言ってみたものの、社長って何をすればいいんだ？

社長の勉強なんてしたことないし、僕は学生のころから芸術的なくらい数字が苦手だった。おそらくこの苦手さは1つの才能だと思うくらいに。

そんなことを考えている僕をよそに、じいちゃんは数字がたくさん書いてある紙を持ってきて、僕の目の前に置いた。

項目以外ぜんぶが数字。見た瞬間、僕はげんなりとなった。

「じいちゃん、これは何？」

「ダイワの決算書だよ」

「決算書って何？」

「まあ、簡単に言うと会社の成績表みたいなものだな。こうきも社長になるからには、これから経営数字も見ていかないとな」

その成績表には白い三角と黒い三角が書いてあった。

「ふーん。このマークって何？　▲３０００って書いてある」

「黒い三角のマークは赤字ってことだ」

「えっ、赤字？　借金？　まじ？」

「わははは、こうき、大丈夫だ。なんとかなるから」

じいちゃんはいつもの笑顔でそう笑い飛ばした。

いくら数字が苦手な僕でも、とんでもない現状がいま自分の目の前に現れ、それが自分の責任になるということだけは、さすがに理解ができた。

３０００万円。

１万円が３０００枚。

僕はそのお金を想像してみた。

高校生のときにほしいと思っていたバイクが１台30万。

単純に考えて、そのバイクの１００台分が３０００万。

そんなとてつもない金額に、僕は言葉を失った。

いままでまったく知らなかったが、八百屋からはじまったダイワスーパーには、累計して3000万円の赤字があったのだ。
つまり、僕は社長になると決まったその日に、同時に3000万円の負債を抱えたということになる。

いままで親にたくさんの反発をしてきた。
意地を張って家を飛び出して、たくさんの心配もかけてきた。
いままで僕がやってきた人生のツケが一気にまわってきた。
そんな感覚になり、これまでのことを深く反省した。

そんな新米社長としてのはじめての挑戦。
それは831円の『野菜のかき氷』という商品を出すということだった。
八百屋なので、野菜は売るほどある。

野菜のかき氷なんて誰も考えつかないはず。

これなら一気に有名になれる。

そう短絡的に考えたのだ。

「こうき、どうせやるなら日本一を目指せ」

幼いころから僕はじいちゃんにそう言われて育った。

日本一。

まだ日本の広さを知らない僕にとっても、この言葉はいつも僕をワクワクさせてくれた。


せっかく社長になったなら、人がびっくりするようなことをしよう。

どうせやるなら「日本一かき氷を売る八百屋」になろう。

そんな目標を掲げ、まず僕は、野菜のかき氷を作ることに決めた。

氷を削った上に茹《ゆ》でた野菜を盛り付ける。

そしてドレッシングとマヨネーズをかけてできあがり。

社長になり、初仕事として『八百屋の作る野菜かき氷』を出すようになって2週間。

そのかき氷は1個たりとも売れなかった。

普通にいちごやメロンのシロップをかけて出す、オーソドックスなかき氷は1日5個程度の売れゆき。

じいちゃんがよく言ってくれた「日本一」という壮大な夢には、はるか道のりは遠かった。

目次

第2章 八百屋が作る本気のフルーツサンド

第3章 僕たちのフルーツサンド、販売開始！

第4章 僕のヒーローが教えてくれたこと

第5章 そして日本一の街へ

第6章 日本一の人たちが僕に教えてくれたこと

最終章　フルーツサンド行進曲

プロデュース　永松茂久
制作協力　池田美智子
装　丁　bookwall
装　画　ふすい
校　正　鷗来堂

第1章

ダイワスーパー

1 八百屋ストーリーは突然に

4年ぶりの電話

「にいちゃん、ダイワがつぶれてしまう。助けてほしい」

しばらく会っていなかった、弟であるそうすけから突然の電話がかかってきた。

いま振り返れば、この電話が僕たちのドタバタ物語のはじまりの鐘だった。

2017年12月24日。街はクリスマスでにぎわっていた。

街ゆく人はみんな幸せそうに見え、世界でただ一人「自分だけがこの世の不幸をぜんぶ背負ってるんじゃないか?」というくらい気分が落ち込んでいた。

苦しいながらも4年半続けてきた仕事は、その日あっさりとクビになり、生まれ育ったダイワスーパーは取り壊すことが決まりそうだ、と弟から連絡があったのだ。

お金もない、頼れる人もいない、彼女もいない。

どこにもぶつけようのないむなしさだけが、僕の心を支配していた。


19歳のとき大学を退学し、幼いころに離婚した父親の商売を、母親に隠れて手伝いはじめた。しかし、それが母親にバレてしまい、それ以来、僕と母親はケンカの絶えない毎日を送るようになっていた。

結果、僕は家を飛び出した。そこから母親とはいっさい連絡をとっていない。完全に絶縁状態となってしまったのだ。

あれから4年。

弟からの突然の電話に戸惑いはしたが、幼少期から過ごしてきた思い出の多い実家のダイワスーパーがなくなってしまう、という事実は、僕にとってはただごとではなかった。ケンカして飛び出し、その後いくら疎遠になっていたとはいえ、生まれ育った場所がなくなってしまうのはさすがにさみしい。

両親の離婚後、家業である八百屋をがんばっている背中を見ながら一緒に暮らし、僕を可愛がってくれた優しいじいちゃん、ばあちゃんが僕は大好きだった。

二人にもしばらく会えていなかったこともあり、急に実家に帰りたくなった。

「そうすけ、俺な、実はさっき仕事をクビになったんだ」

僕の落ち込みなどまったくそっちのけで、そうすけの声が喜びに包まれ、高なった。

「えっ、にいちゃん、そうなの？　まじ、やったあ」

「やってねえよ。俺はいまへこんでるんだ」

「そっかあ、でもちょうどいい。じゃあ、じいちゃん、ばあちゃんたちを手伝ってくれよ。なんとか助けてほしいんだ」

「とりあえず会って話そうか。おまえいまどこ？」

「にいちゃん、実は俺いまアメリカに留学中なんだ。でも一度日本に帰るよ。年末に実家に帰るから、そこで会おうよ」

「わかった。また連絡する」

実の弟であるそうすけが留学をしていたことすら知らなかったくらい、僕は実家と縁遠くなっていたのだ。

ダイワスーパー

僕のじいちゃんは昭和39年に乾物をリヤカーに載せ、行商をしながら商売をスタートさせた。

持ち前の明るさと人懐っこさで、いきなり商売は成功。

毎日お客さんに商品を届けていると、「次は卵がほしい」「野菜があったらいいな」、そんな声をもらえるようになり、だんだん商品が増えていったらしい。

じいちゃんはお客さんが喜んでくれることがうれしくて、乾物以外にも生鮮食品や生活用品を載せて行商をするようになった、そうばあちゃんから聞いた。

じいちゃんのリヤカーは毎日大盛況となり、商品はいつも売り切れ状態。

このままだとお客さんを満足させることができない、そう感じたじいちゃんは地元に店を構え、お客さんのために、いろんな商品を取り揃えておくようになっていった。それが愛知県岡崎市にある小さなスーパー、ダイワの原点となった。

昭和45年6月に設立された「株式会社大和」は、創業者であるじいちゃんの、大山和之の名前から一文字ずつ取り「大和（ダイワ）」と名付けられたのだった。

しかし、時代は変わる。

街も人も変わる。

必要とされるもの、人が求めるものも当然変わっていく。

大手スーパーの進出、ディスカウントストアの出現など、その時代に合った新しいビジネスが登場し、昭和に大繁盛したダイワスーパーも、どんどんお客さんが減っていった。

「なんとかこのスーパーを残したい」

じいちゃんは全力で人生の結晶であるダイワスーパーを続けようとがんばったが、時代の流れには逆らえず、借金が増え、限界を迎えたのだった。

2　どうする？　こうき

小さく見えたじいちゃんの背中

２０１７年の大晦日。４年ぶりの実家はなつかしく、そしてどこか遠く感じた。

僕は勇気を出して玄関の扉を開けた。

「ただいま」

いまさらどんな顔をして帰ったらいいのかと、ここ数日はずっと不安でしかたがなかった。

しかし、僕のそんな気持ちは、じいちゃんの昔から変わらない屈託のない満面の笑みで一瞬にしてかき消された。

「おう、こうき帰ったか。おかえり」
「じいちゃん、元気にしてた？　ひさしぶりだね」
「外は寒かっただろう。早く中に入ってあたたまりなさい」

4年前、僕はじいちゃんに挨拶もすることなく、無鉄砲に家を飛び出した。そんな自分勝手な僕を、じいちゃんはとがめることもなく、毎日帰ってくる孫に接するかのように、自然に迎え入れてくれた。

夜20時、テレビでは年末の風物詩である紅白歌合戦が流れていた。

そんな中、じいちゃん、ばあちゃん、母、弟、そして僕の5人での家族会議がはじまった。もともと僕が家を飛び出したのは、母とのケンカが原因。お互いどう接したらいいのかわからず、母と僕との間には不自然な空気が流れていた。

まず口火を切ったのは弟のそうすけだった。

ひさしぶりに会っても僕と口をきかない母に、そうすけは言った。

「母さん、にいちゃんは今日はダイワのために、そして僕たちのために帰ってきてくれたんだ。ひさしぶりに会っていろんな思いがあるかもしれないけど、にいちゃんをあたたかく迎え入れてほしいんだ。ダイワのためにも頼むよ」

母は無言でうなずいた。

そうしてはじまった家族会議。じいちゃんがダイワのいまの状況、そしてこれからのことをぽつりぽつりと話しはじめたのだった。

「おまえたちにこういう話をするのは申し訳ないんだがな、最近はとくに店の経営がうまくいってない。だから、もうそろそろ店を閉めようと思ってるんだよ。この土地を貸すか、駐車場にでもしようかと考えてる」

じいちゃんの顔からは笑みが消えていた。らしくないその表情からは、その言葉とは裏腹に「本当は店を閉めたくない」、そういう思いが伝わってきた。

僕にとって、じいちゃんはヒーローだった。

野菜の入った段ボールを抱えながら、いつも笑顔でお客さんに接していた大きな背中は、僕にとって憧れだった。

でもその日に限っては、じいちゃんの背中がとても小さく見えた。

はじめて見た弱気な姿

じいちゃんの話の後、家族にいっときの沈黙が流れた。その沈黙を破ろうとしたのか、僕と違って気遣い屋で、自分の感情に素直にものを言うそうすけが、今度は僕に向けて口を開いた。

「にいちゃん、俺さ、ダイワがなくなってしまうのはさみしいんだ。小さいころからの思い出がたくさん詰まった場所だから。電話でもお願いしたけど、なんとか力を貸してほしいんだ」

僕だってそうだ、この場所がなくなってしまうのはさみしいに決まってる。

でも僕はそうすけのように、素直にそれを口に出すことはできなかった。

いくら家族とは言っても、やはり4年の音信不通は大きかった。

自分の思いは言えなくても、まわりの思いを聞くことはできる。

僕も思いきって口を開いた。


「じいちゃんはダイワがなくなってしまうのは、正直どう思ってるの?」

じいちゃんはしばらく考え込んでいたが、一呼吸おいてゆっくりと自分の心の内を話しはじめた。

「そうだな、正直言うと店を閉めたくはないよ。このダイワスーパーはじいちゃんにとって、一生の宝物だからな。でも、もう限界だ。数字的にも体力的にもな」

家を飛び出して4年。少し会わない間に、じいちゃんはとても歳を取ったように見えた。

そんなふうにじいちゃんが弱音を吐くところを、僕はいままで一度も見たことがなかった。

事実、毎日来てくれるお客さんのためにと、じいちゃんが休んだところを見たことがない。親戚の不幸ごとがあったときでさえ、店を休むのは数時間だけだった。

「ダイワが開いていないとお客さんが困るだろう」

そう言ってじいちゃんは毎日店に立っていた。

このダイワはじいちゃんにとって本当に宝物なんだろう。

それは、いままでの姿を見てきた僕にはよくわかる。

3 道が開ける「じいちゃんの教え」

いまも昔も変わることのないもの

僕が幼いころから、じいちゃんによく言われていた言葉がある。

それは**「困った人がいたら助けてあげなさい。そこに理由はいらない」**ということ。

その言葉が、弱ったじいちゃんを目の前にしたいま、僕の頭の中でこだまする。

親にはたくさん迷惑をかけてきたが、なぜかじいちゃんの言うことだけは素直に聞いてきた。

そう考えたとき、僕にとって、じいちゃんは一番のお師匠さんだったのだと思う。

いま、こうして、そのときのことを書いている自分自身を振り返って、感じることがある。それはいまも昔も変わることなく、

「じいちゃんがくれた教えが僕の羅針盤である」

ということだ。

そして、そう教えてくれた本人が歳を取り、自分の目の前で困っている。

「じいちゃん、俺、じいちゃんが作ったこの店を継ぎたい。俺が必ずダイワを復活させるから、まかせてくれないかな?」

その教えが自分の選択の基軸であることを考えれば、いまは納得できるが、そのときは自分でもびっくりするくらい、すんなりとこの言葉を放っていた。

野菜図鑑

年が明け、2018年。例年のようにあわただしくダイワスーパーの年始営業がはじまった。

いくら業績が下がっているとはいえ、やはり正月。新年の買い出しのお客さんたちで店はごった返していた。

店を継ぐと家族に宣言したのはいいものの、僕は何からしていいのかがまったくわからなかった。


そんな僕に、じいちゃんは青果の担当をまかせてくれた。

青果とは、野菜と果物のこと。

幼いころから当たり前にあった青果ではあったが、正直、そこはまったく興味のない分野だった。

ほうれん草と小松菜の違いもわからない。いちごも「あまおう」「紅ほっぺ」「とちおとめ」と、種類がいくつもあることさえも知らなかった。

じいちゃんに連れられて市場に行っても、飛び交う用語さえも聞き取れない、ひどい初心者ぶりだった。

ダイワに来てくれるお客さんは、毎日買い物をしてくださる主婦が多かった。相手は買う側のプロだ。野菜や果物に関しても、僕よりもお客さんのほうがよほど詳しかった。ほうれん草のポップに「小松菜」と書いて、お客さんにご指摘をいただいたことも一度や二度ではない。

このままじゃいけない、そう思った僕は、ダイワに入ってすぐに『野菜図鑑』を買い、出勤前と仕事後、それを眺めることが日課となっていた。

そんなことから僕のダイワ勤めがはじまった。

4 突然まかされた重圧の中で

迷ったときはトイレ掃除

それから3カ月後の4月。
この本の冒頭で話した、じいちゃんからの社長の辞令の話につながる。
わけもわからず社長になり、いきなりマイナスからのスタート。
正直、1時間ごとくらいに心が折れそうになった。
3000万円の赤字なんて、いくらなんでも数字が大きすぎる。
僕は不安なときや行き詰まったときに、必ずと言っていいほどやることがある。
それは「トイレ掃除」だ。

父親の店で働いていたときに強制的にさせられていたからか、はじめはいやでいやでたまらなかったトイレ掃除だったが、いつからかトイレを綺麗に掃除すると気持ちがスッキリとして、心が整うことに気がついたのだった。

それ以来、心が濁る感覚になったときにはトイレ掃除をするようにしている。

その日もいつものようにトイレ掃除をすることにした。

3000万の赤字という強敵に乱されてしまった心を整えるため、いままでにないくらい思いっきり掃除をした。

しかし、何をしても3000万という数字は、僕の心に重くのしかかってきた。

いっこうに前向きになれないまま店に立っている僕に、ある日じいちゃんはボソッと言った。

「こうき、あれこれ悩むな。いま自分のいる環境が、一番自分を成長させてくれる」

たまたまだが、僕の尊敬する大実業家の本にもその言葉と同じことが書いてあり、数日前にその部分を読んだばかりだった。

いま、じいちゃんから同じ言葉を聞いたということは、もしかしたらそれが答えなのかもしれない。

そうだ、いくら嘆いていてもしょうがない、前に進むしかない。

僕はその言葉を素直に受け入れることにした。

そして、僕は社長になった翌日、全スタッフを集め、開店前の朝礼を行った。

5 お金をかけずに知恵を出す

今日から僕が社長になります

「みなさん、おはようございます！　今日はみなさんに大切なお知らせがあります。じいちゃんの意思を引き継いで、今日から、僕がこのダイワスーパーの社長になることになりました。よろしくお願いします！」

ダイワスーパーのスタッフは勤務歴が長く、僕が生まれる前から働いてくれている人もいる。そんな中で、突然、僕が社長宣言をしたものだから、

「あら、こうちゃんがんばって」

「ほんとに立派な子に育ったわねー」

「こうちゃん、ファイトー」

と、みんな子どもに声援を送るような感覚で、まともに話も聞いてくれなかった。


そんな状況の中で、僕は2つのことをみんなに宣言した。

「僕が社長になるにあたり、2つのことをここに宣言します。まず1つ目、ダイワを100人の行列ができる繁盛店にします！ 2つ目、店の売り上げをいまの倍にします。お店の改築も考えたいし、みなさんのお給料もアップしたいので、僕に力を貸してください。そして、この2つのことを達成できたら、僕を社長として認めてもらいたいです。これからも一緒によろしくお願いします」

パチパチパチパチ……

みんなの反応が薄かったことがちょっと心細かったが、僕はやると決めた。

やり方はわからなかったが、やるということだけは決めたのだ。

無から有を生み出す

みんなに宣言をしたからには、何がなんでもやってやる。そう気持ちばかりが焦る毎日だった。

どうしたらお客さんにもっと喜んでもらえるのだろう？

どうしたらお客さんはダイワに来たくなるのだろう？

そんなことを朝から晩まで考えるようになった。

僕にはひとつだけ決めていることがあった。

それは、**お金をかけずに知恵を出して、いまの自分にできることを徹底的にやってみる**ということ。

これは実は、じいちゃんからは商売の場において、ばあちゃんからは日常生活の中で言われてきたことだ。

戦後を生きてきた人だからだろうか。僕のじいちゃんとばあちゃんは常に「節約」

という言葉を大切にする。これを「古い」と言い切ってしまえばそれまでかもしれないが、僕はいまの時代でも、とても大切にすべき考え方だと思っている。

特にピンチの中で社長になった僕にとって、お金がなかったということもあったが、単純に、その方法に妙に共感するところがあった。

そのことを知って以来、何かをするときには僕が参考にしている考え方だった。ということで、まずはペンと紙を準備して、お金をかけずにできることを書き出してみることにした。

・お客さんの名前を覚える
・笑顔でお客さんに話しかける
・お客さんのいいところを探して、言葉で伝える
・じゃんけん大会をする
・楽しいイベントを開催する

・ダイワ新聞を作ってポスティングをする
・お店を綺麗に掃除する
・お店のポップを楽しくする

そして紙に書き出したことを、僕は片っぱしからやってみることにした。

こうして、ひとつひとつ僕にできることを地道に取り組んでいたら、お客さんの数は確実に増えてきた。

しかし、朝礼で宣言をした100人の行列ができる大繁盛店にする、売り上げを倍にする、ということには、まだまだほど遠かった。

できることはまだあるはずだ。

知恵を絞らなければ、みんなへの宣言は達成できない。

6 メロンのかき氷、誕生

まだまだ負けてない

僕がダイワスーパーに入る前に4年半勤めた職場、それは父親が経営していた『たこ焼き屋』だった。

いろんなお祭りやイベントがあると、テントを張って出店をした。

そこでたこ焼きを焼いたり、かき氷を作って売ることが僕の仕事だった。

好調なときには、かき氷だけで1日に100万円以上の売り上げを出すこともあった。その経験から思い出してひらめいたのが、冒頭で書いた「野菜のかき氷」だったのだ。

しかし、結果は惨敗。

いま振り返ったら、野菜を使ったかき氷なんて僕も食べたくない。

しかし、僕にはいつまでも落ち込んでいるひまはない。

ということで、自分に都合よく考え、あえて負けを認めずに「かき氷」のテーマはずらさないままで、もっとすごいものを開発しようと考え続けた。

僕の頭の中は毎日かき氷のことでいっぱいになっていた。

友が教えてくれたすごい世界

そんなある日の朝、市場に行った僕は、ふと目に入った大量に積まれたメロンに目が釘付けになってしまった。その大量のメロンを見れば見るほど、僕にはかき氷の器にしか見えなくなったのだ。

ということで、さっそくメロンを仕入れ、僕はスーパーに戻った。

メロンを器にして、氷を盛る。

そしてメロンシロップをかけて販売する。

そんなメロンかき氷が誕生した。

メロンを器にしたかき氷を見て、驚いてくれるお客さんはいたものの「日本一のかき氷」というにはまだまだ何かが足りていなかった。


そんなとき、ひさしぶりに友人と会うことになり、なにげなく近況報告をしていたときのこと。

「こうき、実家の店を継いだらしいな。がんばってんじゃん」

「そうなんだよ。いまは日本一かき氷を売る八百屋になろうと思って、毎日かき氷のことばかりを考えてるよ。みんながびっくりするようなすごいかき氷ってどうすればいいかな?」

僕の友人は、夜の高級ラウンジで働いていた。

「俺の働いてる店では、フルーツ盛りを5000円で販売してるよ。メロンを丸く

くり抜いて出すだけでそんなにもらえるんだぜ。普通で考えるとめちゃくちゃ高いけど、それでも注文してくれるお客さんがたくさんいる。すごい世界ってあるよなぁ」

メロンの器

「メロンを丸く、くり抜いて出すだけで5000円?」

自分が売っているかき氷はせいぜい1個500円。10倍……。自分のいる世界との大きな違いは感じたが、好奇心からスーパーに帰ってすぐに、店にあるメロンを丸く、くり抜いてみることにした。

メロンの器に氷を盛り、器の縁に丸く、くり抜いたメロンをポンポンポンと飾ってみた。

すると、なんともかわいいかき氷が誕生したのだ。

女性スタッフを呼んで見せてみると、

「かわいい！」

「食べるのがもったいない」

「写真撮りたい」

と盛り上がっていた。

その光景を見ているだけで、僕は感情の高鳴りを感じた。

これをお客さんに提供したらどんな反応が返ってくるだろう？　そう想像しただけでワクワクが止められなくなってしまったのだ。

しかも、メロンは赤肉メロンと青肉メロン、２種類のメロンがあるからお客さんに選んでもらう楽しみもある。

「よし、これならいけるかもしれない」、僕は静かにそう確信をした。

ちなみに前職はクビにはなったものの、かき氷を作るきっかけをくれた前社長である父親に、心の中で感謝した。

同時に、苦しい経験はその瞬間にはわからないが、必ずいつか自分の運を開く鍵になってくれるのだなと感じた。

無駄なことなんてない。あるとすれば無駄にする自分がいるだけだ。

僕はいまそう思っている。

7　大ブレイクはお客さんが連れてくる　愛知編

不思議な彼女との出会い

メロンを器にしたかき氷の販売は、僕の想像を超える大ヒットとなった。写真を撮ってSNSに載せてくれるお客さんが続出しはじめたのだ。

そんなとき、僕の友人が紹介してくれたスイーツ好きの女性がいた。友人がその彼女にメロンのかき氷の話をしてくれたところ、とても興味を持ってくれたようで、翌週には店に足を運んでくれたのだった。

彼女は見るからに控えめそうな女性だった。

「いらっしゃいませ。トモヤくんの紹介の方ですよね。ご来店ありがとうございます」

「あの、メロンのかき氷、赤いのと青いのと2つ注文したいんです」

「かき氷2つのご注文ありがとうございます！　お客さま、ゆっくりしていただいて結構ですので、1つずつお出しするようにしますね。どちらのかき氷から出しましょうか？」

「いいえ、2つ同時に持ってきてください」

「え、2つ同時にですか？　2つ同時だとかき氷が溶けちゃいますけど……」

「大丈夫なので。同時にお願いします」

彼女はかたくなだった。不思議な人だと思いながらも、僕は、要望どおり2つのかき氷を同時に運ぶことにした。

するど、彼女は待ってましたと言わんばかりにスマホを取り出し、2つのかき氷を並べて、写真をパシャパシャと撮りはじめたのだった。

「2つ同時に」という言葉は、この写真を撮るためだったのか。僕はようやく納得した。そして、彼女は写真を撮り終えると、2つのかき氷をペロリと食べ終えてしまったのだった。

せっかく遠くから来てくれていたので、僕は彼女と話をさせてもらうことにした。彼女は自分が美味しいと思ったスイーツの写真を自身のSNSに載せて、情報発信をしているということだった。そのために見映えのする写真を撮りたかったのだと教えてくれた。

彼女のフォロワー数は3000人。

2018年当時のフォロワー数にしては、すごい数字だった。

メロンのかき氷をSNSに載せてくれるということを言って、彼女は帰っていった。

彼女はすごかった

彼女がＳＮＳに載せてくれたその翌日、僕はとんでもない光景を目の当たりにすることになる。

開店前の準備をするために店の前に出ると、扉の前になんと１００人を超える長蛇の大行列ができていたのだ。「青天の霹靂《へきれき》」とはこういうときに使う言葉なのだと思う。

はじめ、何が起きたのか、わけがわからなかった。並んでくれているお客さんに聞いてみると、**「メロンのかき氷をＳＮＳで見てきました」**とみんな口をそろえて言うのだった。その瞬間、あのときの彼女の顔がすぐに浮かんだ。

開店前からメロンのかき氷を待ってくれているお客さんがこんなにもたくさんいる。僕は急いでメロンの追加仕入れのため市場に走り、スタッフには各自の開店準備の手を止めて、メロンを丸くくり抜くことを最優先にする指示を出した。こうしてスタッフ総出でメロンかき氷の販売に専念したのだった。

彼女のSNS投稿で大ブレイクしたその日を境に、くる日もくる日も、かき氷を食べたいと来てくださるお客さんの長蛇の列は途切れることがなかった。県外からのお客さんまで来てくれるようになり、その来店距離はどんどん伸び、SNSでの口コミもどんどん広がりを増していった。

言葉は現実化する。何事も言ってみるものだなと思う。社長になってから3カ月。僕の宣言どおり、ダイワスーパーは100人の行列ができるお店になってしまったのだった。

お客さんにもっと喜んでもらいたい、そう考えた僕は、メロンのみならず、小玉すいかや桃、パイナップルなど、新鮮なフルーツを使ったかき氷の種類を徐々に増やしていくことにした。こうしてフルーツをそのまま使ったかき氷は、ダイワスーパーの大人気・看板商品となっていったのだ。

8 鼻を折られたピノキオ

世の中そんなに甘くない？

　昔から言われてきたことだけど、いいことばかりは続かない。大行列の中、かき氷で毎日忙しくしていたある日のこと、僕がスーパーにいると、いつも買い物に来てくれているお客さんが声をかけてくれた。

「若社長、最近はかき氷の勢いがすごいわね」

「ありがとうございます！　おかげさまです！」

　僕は誇らしかった。たぶん鼻が５センチくらいは伸びていたと思う。

「でもね、その行列のせいで、最近は駐車場にはなかなか停められないし、人が多くて買い物はしづらいし、ちょっとここには来づらくなっちゃったわ」

「えっ、あ、迷惑をかけてしまってすみません」

僕は深く頭を下げた。思いもよらない言葉だった。

そしてちょうど時を同じくして、フルーツかき氷をはじめた当初、「社長ってすごい！　ほんとに大行列ができる店になってよかったね」といつも言ってくれていた、昔から働いてくれているスタッフからもこんなことを言われてしまった。

「こうちゃん、かき氷の販売、そろそろやめませんか？　みんななかなか言えないみたいだけど、毎日の忙しさに疲れてきてます」

ここから成長期の子どもの身長のように伸びるはずだった僕の鼻は下ではなく、上、つまり逆方向にポキッと折られてしまった。

あまちゃん新米社長に訪れた最初の試練

常連のお客さんからの言葉、昔から働いてくれているスタッフからの言葉、僕は突然崖の上から突き落とされたような気持ちになった。

一緒に働いてくれているスタッフの給料を少しでも上げたくて、ダイワを繁盛店にしたくて、お客さんの喜ぶ顔が見たくて、ただそれだけを思って毎日朝から晩までいろんなことを考えてきた。

やっといま、夢にまでみたダイワスーパーが行列のできる繁盛店になってきたところだったのに。

僕のしていることは、お客さんにもスタッフにも、みんなにとって迷惑だったんだろうか？

行列ができてうれしかったのは僕ひとりだったんだろうか？

考えれば考えるほど、言いようのない感情が一気に襲ってきて、苦しくてたまらなかった。

真夜中の真っ暗な事務所でただひとり、僕ははじめて大声を出して泣いた。

折られた鼻の痛みもある。しかし、もっときつかったのは、その言葉で、ワクワクしていた未来が自分の中で消えかけてしまっていることだった。

ここから先どうしていいのかわからず、どうしようもなくただただ涙が止まらなかった。

覚悟はありますか？

僕の心の迷いとは関係なく、毎日の大行列は途切れることなく続いていた。

折れた鼻、いや、折れた心は自分ひとりではどうしようもなく、思いきってじいちゃんに自分の思いを聞いてもらうことにした。

「じいちゃん、ちょっと話を聞いてもらってもいいかな」

「おう、こうき、深刻そうな顔をしてどうしたんだ？」

「じいちゃん、メロンのかき氷を迷惑に思ってる人もいるみたいなんだ。もともとスーパーに買い物に来てくれていた常連さんも毎日の行列のせいで少しずつ離れていってるし。俺はどうしたらいいかな？　かき氷はもうやめるべきなのかな？」

じいちゃんは少し黙った後、笑いはじめた。

「ははは。こうき、おまえはそんな余計な心配はするな。まだ社長になって3カ月だろう。おまえの覚悟を試されてるだけだ」

「でも……」

「おまえはすごいことをしてるんだ。じいちゃんがいままでこのスーパーで45年かけて売ってきたメロンの数を、おまえはこの数週間でいとも簡単に抜いてしまったんだ。生きてる間にダイワに毎日あんなに行列ができるところを見れるなんて正直思ってもみなかったよ。これもこうきのおかげだよ」

「でもね、じいちゃん。常連さんから買い物に来づらくなったって言われたんだ」

「わははは！」

じいちゃんはさらに大きな声で笑った。

普通こんなに笑われると、「俺の気も知らないで」と腹が立つタイプの僕ではあったが、そのときは、じいちゃんのその笑い声で、まるでカラカラの砂漠に水が染み込むかのように、不思議な安心感に包まれていった。

「こうき、おまえは何も心配しなくて大丈夫だ。じいちゃんが築いてきた常連さんとの信用や信頼は、こんなことじゃ絶対に壊れない。その自信だけはある」

「うん……」

「こうき、おまえは本当にすごいんだぞ。けどな、もっともっとじいちゃんを驚かせてくれよ。自分の思うように、思いっきりやってみていいんだよ」

じいちゃんはいつもの笑顔で僕を勇気づけてくれた。僕はじいちゃんの言葉を信じることにした。

思いっきりやってみる。

ひとりになってもやり続ける。

だって目の前には、いまもこうして笑ってくれるじいちゃんと、毎日行列に並んでかき氷を待ってくれているお客さんがいてくれるのだから。僕はそこに目を向けることにした。

愛知、東京、そして各地でのイベント。フルーツサンドの店舗が増えたいまも、このかき氷はダイワの夏の名物として、たくさんの人々の笑顔を創り出している。

もしあのときじいちゃんが笑い飛ばしてくれなかったら、僕はいまどこで何をしているのだろうか。

第2章

八百屋が作る
本気のフルーツサンド

9

チャンスはコンビニに落ちていた

「伊勢の赤福」のごとく

お盆が過ぎ、僕には新しい不安が生まれた。

それは単純に、かき氷は季節商品だということ。

フルーツかき氷は相変わらずの人気となってはいるが、夏が終わると同時にこの行列も終わってしまう。いくらなんでも真冬に進んでかき氷を食べる人はいないし、第一、寒い中でブルブル体を震わせながら行列待ちしてもらうのは忍びない。

先のことを考えると、どうにかしなくてはと、僕はかき氷に代わる新しい商品のことを考えはじめていた。

そんなある日、仕事が終わって家のリビングで僕がボーッとしていると、ばあちゃんが伊勢の赤福をうれしそうに食べていた。

それを見ていた僕の中に、ぼんやりとした思いが浮かんできた。

「赤福みたいな年中、人から愛されて、食べる人が幸せになって、会社の看板になるような商品を作りたい」

それがどんな商品なのかはまだ見当もついてはいないが、その思いだけは僕の中に定まった。

「ダイワをベースに作ることができて、なおかつ年中食べられる商品はなんだ？」

これが次の僕のテーマとなった。

新聞を作ろう

なるべくお金をかけずにできること。

それはお客さんにダイワスーパーのことを、もっと知ってもらうということだ。

ということで、僕は『ダイワ新聞』を作ることにした。

内容としては、売っている物の説明ではなく、**主にスタッフのことや、これから開催するイベントのお知らせ、そして何よりも僕たちが大切にしている思いの部分**を中心に載せることにした。なんだか楽しそう、そう思ってもらえるようなことを書くことにしたのだ。

その新聞を毎月作り、僕はスタッフたちと一緒に、毎晩ポスティングをして歩くことにした。本当はその新聞をメールでお客さんに送ることもできたが、ダイワのお客さんはどちらかというとアナログ派の人が多い。だからこそ実際に紙で配られたほうが喜んでもらえる。そう考えたのだ。

その当時の僕の給料は20万円。

当時、会社には、コピー機を買うお金がなかった。

ということで、僕は給料日になると、その中から3万円を握りしめ、近所のコンビニで『ダイワ新聞』のコピーをすることにしていた。

それが僕の毎月の恒例行事となっていた。

3万円分のコピーは枚数にして3000枚。時間にすると2時間くらいは軽く要していた。

その日も、いつものように『ダイワ新聞』の原稿を持ってコンビニに行き、3000枚のコピーをするために時間を使っていた。コピーが終わるまでのあいだ、僕は本の立ち読みをしたり、店内の商品を見てまわったりして過ごしていた。ちょうどお昼ご飯を食べていなかったこともあり、小腹が空いていたので何かを食べることにした。

何にしようかと商品を選んでいたとき、なんとなく手に取ったもの。

それが、これから僕の運命を変えることになる **「フルーツサンド」** との出会いだった。

10 神の舌を持つ男

衝撃

フルーツサンドを買い、コピーが終わるまでのあいだ、休憩がてら僕は外に出てフルーツサンドを食べることにした。

包みを開けてフルーツサンドを口にしたその瞬間、いままで感じたことのない、ものすごい衝撃が自分の中に走ったのがわかった。

それは申し訳ないことに、あまりにも美味しかったから、というわけではなかった。

ある意味、逆の衝撃だった。

パンが美味しいとはお世辞にも言い難い。入っているフルーツはあきらかに缶詰のものだった。生クリームも甘ったるくベタベタしたクリームで、どちらかというと僕の苦手なタイプのクリームだった。

その瞬間、頭の中でいろんな想像が一気に膨らんでいった。

パンは塩をきかせて、フルーツの良さを引き立てるパンを作る。
中に入れるフルーツは缶詰ではなく新鮮な生のフルーツを使用する。
生クリームは甘すぎることなく、生クリームが苦手な自分が美味しいと思えるものを開発する。

運がいいことに、僕は八百屋だから毎日市場に行って新鮮なフルーツを準備することができる。

しかも、フルーツサンドは季節限定の商品というわけではなさそうだし、年中いつでも食べてもらえる商品になるのではないだろうか。

そんなことを想像していると高まる感情が止められず、僕はすぐにでもフルーツサンドが作りたくてウズウズしてきたのだった。

僕はコピーが終わるのをまだかまだかと待ち、終えると同時にダイワ新聞を抱えて事務所にすっ飛んで帰った。

神の舌

ある飲食店の先輩と、こんな話をしたことがある。

「こうき、おまえの会社には『神の舌』を持っている人間がいるか？」

「神の舌ですか？　先輩、それスピリチュアルな話ですか？」

「違うよ。あのな、世の中にはいろんな才能を持っている人間がいるだろ」

「はい、たしかに」

「飲食にも天才っているんだよ。例えば繁盛している店のレシピを食べただけであ

る程度判断できて、それをそっくりそのまま作っちゃうことができるタイプ。もしくは社長が『こんな商品を作ってくれ』って言っただけでそれを作り上げる、そんな人間」

「いまはまだ心当たりがないですが……」

「その会社が繁盛するかどうかは、商品開発をする人の中に『神の舌』を持つ人間がいるかどうかで決まるんだよ」


その瞬間、ひとりの存在を思いついた。あいつならできるかも。それがゆうすけだった。ゆうすけは僕のたこ焼き屋時代からの2つ歳下の友人で、調理師免許を持っている。僕がダイワスーパーに入って最初に連絡をした友人だった。

「ゆうすけ、ひさしぶり」

「こうきさん、おひさしぶりです！」

「おまえ調理師免許を持ってたよな。魚ってさばけるか？」

「もちろんです。魚の扱いはどちらかといえば得意なほうです」

「俺さ、実は実家のスーパーを継ぐことになったんだけど、鮮魚コーナーで人手が足りてなくてさ。ゆうすけ一緒に手伝ってくれないか？」

「えっ、こうきさんと一緒に働けるなんて、僕うれしいです！　よろしくお願いします」

ゆうすけは僕の誘いに、ふたつ返事で手伝うと言ってくれた。

いつも謙虚でまじめなゆうすけは、僕がとても信頼している友人であり、ダイワの仲間のひとりだ。フルーツサンドを思いついたその時点で、ゆうすけはダイワスーパーの鮮魚担当として、くる日もくる日も魚をさばき続けていた。

11 まずは生クリームを作りましょう

フルーツサンドへの挑戦

コンビニでのコピーを終えた僕は、急いでスーパーに戻り、コンビニで受けたフルーツサンドの衝撃を、ゆうすけに一番に話すことにした。

「ゆうすけ、ゆうすけ！　聞いてくれ！　すごいことを思いついたんだ！」

「社長、おつかれさまです。そんなに興奮してどうされたんですか？」

「まずは聞いてくれ！　美味しいパンに美味しい生クリーム。そしてうちが仕入れる新鮮な生のフルーツを使ったとしたら、めちゃめちゃ美味しいフルーツサンドができるんじゃないかと思うんだ」

「なるほど！　社長、それはいいですね！」

「ということで、ゆうすけ、まずは美味しい生クリームを作ってくれ」

「なんかザクッとしてますね。でもわかりました。とりあえずやってみます」

僕はゆうすけに生クリーム作りをまかせることにした。

「俺さ、生クリームが苦手なんだよね。だけどそんな俺でも美味しく食べられる生クリームを作ってほしいんだ」

「はい、またまたザクッとしてますが、やってみます！」

「よし、フルーツサンドで日本一をとるぞ！　ということで、ゆうすけ、日本一美味しい生クリームを作ってくれよな」

「わぁ、日本一ってすごいですね！　社長、日本一とりましょう！」

僕の提案に、ゆうすけはふたつ返事でやると言ってくれた。

ここから僕とゆうすけの、食べた人を幸せにする最高に美味しい生クリーム作りがはじまったのだった。

魚屋が作った生クリーム

ゆうすけは毎晩、スーパーの仕事が終わると生クリーム作りに時間を割いてくれた。試作の生クリームができるたびにフルーツに塗っては食べ、改良しては食べ、毎日その繰り返しだった。

生クリームが好きな人には美味しいものだったのかもしれないが、僕の要望どおりの「生クリームが苦手な人でも美味しく食べられる生クリーム」というのには苦戦を強いられた。

毎日生クリームを食べてはその甘さに気分が悪くなる僕。ゆうすけは僕を気づかいながら、改良に改良を重ねてくれた。

そしてようやくできた、僕でも美味しく食べられる生クリーム。ゆうすけと僕のこだわりの生クリームがとうとう完成したのだった。

12

次は美味しいパンを作りましょう

ふわふわしっとりにこだわったフルーツサンド専用のパン

フルーツサンドに必要な素材。生クリームの次に必須なのはパンの製作。ここで思わぬ人間が活躍することになる。

それは僕のおかん、つまり母だった。

母は昔から無類のパン好きだった。

朝ごはん、昼ごはん、気がつけばおやつにまで、いつもパンを食べていた。

日本一のフルーツサンドを作るには、それにふさわしいフルーツサンドに合うパンが必須だった。そのパン選びは、パン好きな母にまかせることにした。

「母さんパン好きだよね」

「そうね、好きよ」

「最高のフルーツサンドを作りたいんだ。だからいろんな種類のパンを買ってさ、それにふさわしいパンを選んでほしいんだよね」

「わぁ、それ楽しそう」

母はいつになくご機嫌になった。

「俺にはパンの美味しさとかよくわからないからさ」

「パン選びは私にまかせなさい」

ここで「日本一のフルーツサンド」と言いたかったが、あえて「最高」と言ったのにはわけがある。

僕の母はどちらかというと、心配性で緊張しいのタイプだ。いきなり「日本一にするために」なんて言おうものなら「そんなこと私には無理」と言われかねない。

だから「最高」と言ったのだ。ここらへんのさじ加減は長い付き合いだからよく理解をしていた。

本間製パン

しかし、僕の想像以上に母は頼もしかった。翌日から、母はさっそくありとあらゆるメーカーのパンを買ってきた。

日本一のフルーツサンドを作るためのパンの候補生たちは総勢20種類。母はゆうすけの作ったできあがったばかりの生クリームを脇に準備して、買ってきた20種類のパンにひとつずつ塗って、試食を繰り返した。

最終候補として残ったパンは、2種類。

ひとつは日本国民、誰もが知っているであろう某大手製造メーカーの作ったパン。

そしてもうひとつは、僕の叔母さんからの紹介である、愛知県にある「本間製パン」。

叔母さんからの紹介ということもあり、本間製パンの営業担当の前田さんは、はじめからとても丁寧に、そして親身になって、こちらの細かい要望に応えようとしてくれたのだった。

僕は前田さんの真摯に向き合ってくれる姿勢に、この人と一緒に仕事がしたいと強く思うようになった。

最後の最後、母が選んだのは本間製パンのパンだった。

大きな会社の細かな気遣い

僕は前田さんに挨拶をするために、本間製パンの会社を訪問することにした。はじめからとても丁寧に、親身になって一緒にパンを作ろうとしてくれていたので、小さな会社だと勝手に思い込んでいた僕は、会社に着いて驚いた。とても大きな工場を持ち、会社自体ものすごく大きな会社だったのだ。

「こんなに大きな会社が、僕たちみたいな小さい会社の細かい要望に、あんなに丁寧に応えようとしてくれていたのか」

そう思うと、本間製パンの持つ器の大きさに、僕はあらためて尊敬の念を抱かずにはいられなかった。

迎え入れてくれたのは、その前田さんだった。

「前田さん、はじめは少しの数のパンしか注文ができないかもしれないんですけど。でも、絶対に損はさせません！　絶対にたくさんの数の注文ができるように僕たちがんばります！　僕たちは日本一のフルーツサンドを必ず作ります！　なので一緒に仕事をしてほしいです。よろしくお願いします！」

「社長さん大丈夫ですよ、頭をあげてください。細かい要望があれば何でも言ってください。こんなに若くてやる気のある社長さんのために、僕らもできることは協力させてもらいたいんです」

その言葉がうれしくて、胸がいっぱいになった。

そこから本格的に、最高のパン作りがはじまった。注文する数は少なかったにもかかわらず、「もっと塩気がほしい」「もっと水分を多くしてほしい」という母から出される細かい要望にも、前田さんは気持ちよく応えてくれたのだった。

パンができあがったときの感動は、いまでも忘れることができない。

こうして、フルーツサンド専用となる、ダイワオリジナルの美味しいパンが完成したのだった。

13 日本一のフルーツを求めて3000里？

市場の人との衝突

日本一のフルーツサンドを完成させるための主役。

それには日本一と呼ばれるにふさわしいフルーツが何よりも必要になる。

この仕入れは僕が担当した。

地元岡崎市の市場には、限られた種類のフルーツばかりが並んでいた。

フルーツサンドのバリエーションを増やすために、できる限りいろんな種類のフルーツをいち早く仕入れたかった僕は、フルーツの種類を多く取り扱う市場探しからはじめることにした。

その流れで僕がたどり着いたのは、東海地区最大級の市場だった。

早朝、車を飛ばして高速道路を使っても1時間。まあまあな距離だ。しかし、僕は毎朝通うことに決めた。

「おはようございます！　今日あるフルーツのうち、一番美味しいフルーツを僕に売っていただきたいです！　よろしくお願いします！」

市場にいる仲卸の人に片っぱしから僕はお願いをしてまわった。

しかし、仲卸の世界というのは職人気質の人が多く、しかも新参者の僕にとっては、はじめは風当たりが強いものだった。

「若いにいちゃん、おまえ誰や？」

「今日からこの市場に通わせてもらうことになった、岡崎市で八百屋をしている大山といいます！　よろしくお願いします！」

「ほら、これが一番美味しいやつだよ」

「ありがとうございます！　じゃあ1玉だけ先に買ってもいいですか？」

「は？　どういうことや？」

「まず1玉買うので食べさせてもらいたいです。美味しかったら一箱買いますので」

僕が仕入れの部分で一番こだわったのは、「見た目」ではなく「味」だった。

たまに、フルーツを見ただけで味がわかるという「目利き」ができるという人がいる。しかし当時の僕にはそんな選択眼はなかった。したがって、フルーツを見た目だけで美味しいか、美味しくないかを判断することなど当然できない。見た目は綺麗だったとしても、実際に食べてみないと味はわからないのだ。

だからどうしてもひと口食べてから、美味しいとわかった上で、まとまった仕入れをしたかったのだ。

しかし、それが仲卸の人を怒らせる原因になってしまった。

生意気小僧、プロに突っかかる

「おい、おまえ何言ってるんだよ。この場で商品を食うって言うのか？」

「はい！　まず1玉買うからいいじゃないですか」

「これだから新参者はダメなんだよ、市場でのルールもわかってねぇ」

「フルーツは食べてみなきゃ、見た目だけで美味しいかまずいかなんてわからないじゃないですか」

「そんな買い方するやつなんかいねぇんだよ！　一箱単位で買わんか！」

「お金払うって言ってるんだからいいじゃないですか、なんで1玉で売ってくれないんですか」

「うちは一箱単位じゃないと売らんからな」

「食べずに美味しいっていう保証はあるんですか」

「おまえ、なめてんのか？」

「あ、じゃあもういいです。味もわからないのに僕は買えません。うちの店に来てくれるお客さんが喜んでくれるものじゃなきゃダメなんです。おじさんはこのフルーツを売りたいのかもしれない。でもそれはおじさんの都合ですよね？　おじさんが食べてみて、もしまずかったら、自分の家族に食べさせたいって思いますか？」

いくら突っぱねられても引けない一線

当時のことを思い出すと恥ずかしくて穴があったら入りたい。

あのころは若かったし必死だったから、市場の人に対して僕はケンカ上等の姿勢だった。

狭い世界だ。生意気な僕のうわさはまたたく間に市場中に広がり、煙たがられる存在になっていた。市場のお偉いさんだろうが誰だろうが、自分の思いだけは思いっきりぶつけた。

誰ひとり僕のことなど知らない場所で心細さはあったけど、僕には大切にしたいことがあった。それは、じいちゃんが大切にしていた言葉だった。

「こうき、自分が美味しいって思うものじゃないとお客さんには売るんじゃないよ。みんなで美味しいものを食べるためにも、そこは絶対に妥協したらダメだ。だからね、その商品を販売するスタッフにも必ず味見をさせてあげるんだよ。そうしたらその子はお客さんに、商品の美味しさを自分が感じたまま伝えることができる」

いくら突っぱねられてもいい。

日本一美味しいフルーツを仕入れるためなら3000里でも探しまくってやる。

でも、経費の関係で、できればここで仕入れを確立させたい。

どうにかして市場の人たちを味方につけるために、あの手この手を使いながらおじさんたちの懐に飛び込んではじかれてを繰り返す毎日だった。

おかん、ナイス

冷たい視線を浴びながらも、僕はじいちゃんの言葉を信じ、こりずに毎朝1時間かけて名古屋の市場に通い続けた。

そんなある日、ひとりのおじさんが僕に声をかけてくれた。

「大山くん、君、みかちゃんの息子くんだったんだね」

「え、はい！　母のことを知ってるんですか？」

「昨日、君がテレビに出てたのをちょうど見かけてね。みかちゃんの店だったからびっくりしたんだよ。みかちゃんとは市場の知人を通じて、前から仲良くさせてもらってるんだ」

「そうだったんですね！　こちらこそ母がお世話になっています！」

「困ったことがあったら遠慮なく言いなよ。君みたいに若いと、みんな相手にしてくれないだろう」

おじさんは笑いながらそう言ってくれた。

名古屋の市場で孤立していた僕にとって、おじさんはまさに救いの神だった。

おかん、ナイス。僕は思わず心の中でそうつぶやいた。

日本一のフルーツサンドを作るために毎朝1時間かけて名古屋の市場に来ていること、新参者だから市場の人たちに受け入れてもらえていないこと、それをおじさんに相談することにした。

おじさんは僕の話をひととおり聞いたあと、「俺でよかったら協力するよ」と言ってくれた。その一言で僕の心は救われた。

市場でも顔がきくおじさんは、自分の知り合いの仲卸さんを次々に紹介してくれた。そして、フルーツの知識についても、初心者だった僕にひとつひとつ丁寧に教えてくれたのだった。

おじさんのおかげで市場での僕のうわさも徐々に消えていった。

14 フルーツサンドは見た目が9割

三銃士、合体

ゆうすけの作った生クリーム、母が選んだパン、そして厳選したフルーツ。

フルーツサンドを作る三銃士が出揃った。

そこから、ばあちゃん、母、ゆうすけ、僕の4人でのフルーツサンドの試作品作りがはじまった。

僕が食べたコンビニのフルーツサンドもそうだったが、ネットで「フルーツサンド」と検索すると、フルーツを細かくカットしたフルーツサンドの写真がたくさん出てくる。

いきなり三銃士を組み合わせるのではなく、比較をするために、まずはスーパーで売っている食パン、生クリーム。そして生のフルーツを母が細かくカットして、見よう見まねで作った「試作品第一号のフルーツサンド」が完成した。

みんなで一緒に食べてみた。

「これ、コンビニのフルーツサンドと変わらないね。フルーツがただ缶詰じゃないっていう、それだけだよね」

「そう？　美味しいわよ、これはこれで私は好きだな」

「んー、なんだろう。これじゃあワクワクしないんだよな。メロンのかき氷が完成したときのようなワクワク感がまったくない。これじゃあ日本一って言えないよな」

「こうき、日本一ってなんの話？」

「母さん、俺さ、どうせやるなら日本一のフルーツサンドを作りたいんだ」

「日本一⁉　あんた何またわけのわからないこと言ってんの」

母はあきれていた。

次はいよいよ僕たちが苦心して開発した三銃士を組み合わせてみた。

まずは母が選んだパンに、ゆうすけ作の生クリームを塗り、市場で厳選して仕入れてきたフルーツを細かくカットしてはさむ。

「……うまい」

「……うん、美味しい」

「めちゃくちゃうまいいいいぃぃぃ！」

想像を超えた組み合わせに、僕たちはみんなで大声を上げた。

「パカッ」の奇跡

大喜びをするみんなの声をよそに、僕の中でひとつだけ気になったことがあった。

それは見た目。

たしかに味はどれも美味しかった。しかし、インパクトがないのだ。

「これが日本一のフルーツサンドです！　どうぞ！」と言ってお客さんに出したときに、はたして日本一と呼べる見た目を持つものなのか。そう考えると腑に落ちなかった。

僕はやるからには「日本一」にこだわりたかった。

おまけに果物を細かく切る工程が大変そうで、人手も時間もかかってしまう。

飽き性の僕はつい口走ってしまった。

「このフルーツを小さく切るのって、めんどうじゃない？」

「だってフルーツサンドってフルーツを小さく切らなくちゃ」

「母さん、それはわかるけど時間かかりすぎるじゃんか。バナナとか見てよ、時間が経ちすぎて黒くなりはじめてるし」

「じゃあどうするって言うのよ」

「んー。俺にもわかんないけどさ。とにかく作るのが大変そうなんだよなぁ」

あることをひらめいた。

「ちょっと包丁とまな板かしてよ」

僕は近くにあったメロンに手を伸ばし、皮と種だけをとって母に渡した。

「母さん、このままメロンをサンドしてみてよ」

「あんた、こんな大きいまま中に入るわけないでしょ。どうやって入れるのよ?」

「だって細かく切るのって大変だよ。パンに生クリーム塗ってそのままメロンを入れたらいいじゃん」

「もー入らないって言ってるのに。聞きわけないんだから」

母はぶーぶー言いながらも、パンに生クリームを塗って、メロンの半身をそのまま中に入れてサンドしてくれた。

僕はそれを2等分にカットした。

「パカッ」

すると、

「…………」

そこにいる全員が言葉を失った。

いまだかつて見たことのない、ものすごいインパクトのあるフルーツサンドの断面が姿を現したのだった。


次の瞬間、母が激しく笑い出した。

「ちょっと何よこれ！　これはないわ、笑いが止まらない！」

ばあちゃんとゆうすけも笑い出した。

「社長、これものすごいインパクトありますね！　やばい、おもしろいです！」

「おう、いいな。わははははは」

そこにいたみんなの笑いが止まらなくなってしまった。

「こんなフルーツサンド見たことない！　これならいける。絶対いける」

その衝撃といったらなかった。

みんなの笑いは止まらなかったが、僕は内心、震えが止まらなかった。

こんなフルーツサンドは見たことがない。

みんなの想像を超えた、ものすごいインパクトだった。

メロン同様、ほかのフルーツも細かく切らずに、丸ごとサンドしてみることにした。

するとメロン同様、ものすごく迫力のある断面のフルーツサンドが次から次へとできあがったのだった。

よし、商品は完成した。

僕の心は高鳴るばかりだった。

15

井の中の青ガエル、大河の殿様ガエルを知る

一番を目指しましょう

商品の仕上げ。それはパッケージだ。

おそらくこのフルーツサンドは持ち帰りやお土産になるだろう、すぐにそう想像できた。

そのためには、渡したときに「わあ、すごい」、そう言ってもらえる商品にしたかった。それには、見た目のインパクトが重要となる。

生クリーム、パン、新鮮なフルーツ、最後に考えないといけないのがパッケージだった。ここで手を抜いてしまうと、せっかくの商品が台無しになってしまう。

とりあえず包装屋に行き、フルーツサンドを包むビニールはどこにでもある既存のものを買った。しかし包んでみるとなんとなく味気ない。

商品のマークというかロゴというか、それが必要だと考えていた。

フルーツサンドのロゴを作ろうと決めたとき、ふと思い出したことがある。

それは、僕がたこ焼き屋で働いていたときに出会った、ある社長さんのことだった。


食のみやこ大阪で、日本全国から人気の飲食店が集結した「食の祭典」が行われた。そのイベントは数日にわたり開催された。

かつて父親のたこ焼き屋で働いていたとき、僕たちもそのイベントに出店をさせてもらえることになった。

父親のたこ焼き屋は大繁盛をしていた。どこのイベントに行っても一番の売り上げを出していた僕たちは、「一番売るたこ焼き屋」として愛知県のイベントではかなりの有名店になっていた。

しかし、その大阪のイベントでは、かなりの強敵がいることを僕は事前に知っていた。

それはイベント業界の人なら誰もが一度は名前を聞いたことがあるという「日本一売るからあげ屋」として有名な九州のお店。「元祖博多からあげ専門店田中屋」という名前だった。

しかも、出店場所は僕たちのたこ焼き屋の隣。

「日本一売るからあげ屋が隣なら、なおさらおもしろい。こっちは愛知では一番売るたこ焼き屋なんだ。今回もどこよりも売り上げて一番をとってやる！」

負けず嫌いの僕は、いつにも増して闘志を燃やしていた。

ぼろ負けの記憶

出店している飲食店は40店舗ほど。その中でも、隣のからあげ屋は初日から群を抜いて勢いがあった。

うわさどおり、その店は毎日途切れることなく続く大行列。

僕たちが1日50万の売り上げを出していたのに対し、隣のからあげ屋は1日100万から150万の売り上げを出し続けていた。

毎日の売り上げで、僕たちの店の2倍3倍を売っていた。

完全にぼろ負け。それが僕にはくやしくてたまらなかった。

僕だって愛知じゃ有名なたこ焼き屋なのに、この売り上げの差はどこにあるんだろう？

負けたまま終わりというのは、なんとももったいなかった。

イベント業界の中であれば、このからあげ屋はたしかに有名なのかもしれない。

しかし、一般のお客さんにまで名前が知られているようなお店というわけではない。

からあげ屋といっても、何店舗かのお店が出店をしていたにもかかわらず、行列ができていたのは隣のからあげ屋だけだった。

僕はくやしいながらも気を取りなおし、他の店と何が違うのか、毎日観察することにした。売れるには売れるなりの理由が必ずあるはずだ。そう考え、隣のからあげ屋の味、スタッフの動き、お客さんが並ぶ動線、呼び込みをずっと観察していた。

販売をしているスタッフが特別愛想がいい、というわけでもなかった。どちらかというと僕の店のほうが愛想がいいんじゃないかと思うほどだった。

店の前に立てているからあげの写真が載った看板も、どちらかというと普通のものだった。

看板や店構えをスマホで撮り、毎日見るけど売れる理由はわからない。

いくら考えてもわからなかった僕にとって、イベント最終日、その答えを知れる最大のチャンスが訪れた。

16 パッケージに込めた「まるダ」の魂

魂を込めるなら手書きでいけ

　ド派手なブルーのストライプのスーツを身にまとい、色の濃いサングラスをかけ、あきらかにオーラが違うと感じる人が、テント裏のパイプ椅子に座っているのが見えたのだった。

　この人がこのからあげ屋の社長に違いない、僕はそう確信した。いっけん怖そうな人だったが、僕は勇気を出して話しかけてみることにした。

「こんにちは！　このからあげ屋の社長さんですよね」

「うん、君は？」

「僕は隣でたこ焼きを売っている者です。いままでいろんなイベントに出店をしてきましたが、イベントの中では一番売るたこ焼き屋として、これでも愛知では敵なしなんです。でも今回のイベントに参加して、社長さんのからあげ屋のすごさを目の当たりにしました。正直、めちゃくちゃへこみました。いままで負けなしだったのに、負けました。ほんとにくやしいんです。こんなにもここのからあげが売れる理由を、僕に教えてください！　お願いします！」

僕は精一杯、深く頭を下げた。

「にいちゃん、おもしろいね。歳はいくつ？」

風貌から想像するにそうかたくない、その社長はしぶい声で返答をしてくれた。

僕は内心びびりながらも頭を上げて答えた。

「いま、23歳です」

「そうかそうか、まだまだ若いな。にいちゃん、うちの看板を見てみたか」

「はい、何回も見ました。失礼かもしれませんが、写真もいっぱい撮りました」

「おう、そうか。よーく見てみ。何かが違わんね？」

「えっと、僕には普通の看板に見えるのですが……。すみません！」

「ははは、わからんね。じゃあ教えてやるけん。看板に書いた店の名前の文字を見てみ」

「文字ですか？」

「そう、文字が違わんね？ 他の店の看板の文字はパソコンで書いた文字。でもね、うちの看板に書いてある文字は習字で書いた文字やろ。あれはね、俺が一文字一文字、筆で書いた文字なんよ」

「そうだったんですね！ たしかに、よく見ると、ここの看板だけ習字の文字ですね」

「そう。にいちゃん、いいこと教えてやるからよく覚えておきーよ」

「はい！ お願いします！」

「手書きの文字にはね、魂が宿るんよ。からあげの包み紙があるやろ。そこにも俺の習字の文字がロゴとして印字されとーとよ」

「あ、本当ですね！」

「そうするとね、この包み紙で包んだ瞬間に、からあげに俺の魂が宿るんよ。これが売れる理由。どうよ、よかろーが」

商品に魂が宿る。

「なるほど！　ありがとうございます！」

「にいちゃん、偉かね。普通聞いてくる人間はほとんどおらんとよ。自分たちのプライドやろうね。聞かずにあれこれ批判ばっかりするんよ。だけんなーんも掴めんまんまで終わる。そう考えたら素直に聞けるおまえは必ず大物になる。でっかくなってまた会いにきーよ」

社長はバリバリの福岡弁でそう言った。

日本有数の人気方言の力も加わって、そのあまりのかっこよさに、僕はシビれてしまった。

そのときのことをふと思い出し、フルーツサンドにつけるロゴには僕の魂を込めて、習字の文字で、僕が手書きで書くことにした。

ダイワの「タ」の字を書いて丸で囲む。

そして濁点はその輪に人が集まるイメージで外に置く。

こうして、ダイワのロゴである「まるダ」が誕生したのだった。

第3章

僕たちのフルーツサンド、販売開始！

17

バスガイドばあちゃんと気配りじいちゃん

人は出番を待っている

新鮮なフルーツ、美味しいパンと生クリーム、そしてパッケージの完成。

毎朝6時から4人体制を組み、いよいよ僕たちのフルーツサンド作りがはじまった。そして満を持して、フルーツサンドの販売を開始した。

スーパーには相変わらず、かき氷の行列が続いていた。

もともとはかき氷が目的なので、フルーツサンドの存在は、当然誰も知らなかった。

まずは、毎日かき氷の行列に並んでくれているお客さんに、フルーツサンドの存在を知ってもらうことにした。

行列で並んでいるお客さんに向けて、僕のばあちゃんは惣菜《そうざい》のトングを手に取り、アナウンスをはじめた。

「みなさん、おはようございます！　ダイワスーパーのおばあちゃんこと、たづちゃんです。朝からかき氷のために並んでいただき、ありがとうございます。今日来ていただいたみなさんには特別にすてきなお知らせがあります！　ダイワスーパーは、かき氷も美味しいんですが、フルーツサンドのほうがもっと美味しいんですよー。写真だけでもぜひ撮っていってくださいね」

実はばあちゃんは最初、こんな感じで渋っていた。

「ばあちゃん、ダイワのガイドさんになってよ」

「何言ってるのよ。恥ずかしい」

「いいじゃん、若いころイケイケだったんでしょ」

「そうだけど、いまはもう無理」
「まあいいや、一発本番でよろしくね」

しかし、さすがは昔取《むかしと》った杵柄《きねづか》。マイクに見立てたトングを握りしめ、人前に立つと、まあ楽しそうに話すこと話すこと。僕は思わずそのなりきりっぷりに笑ってしまった。実はばあちゃんは元バスガイド。自分で言っていたのでどこまで本当かはわからないが、かなり人気でモテモテだったそうだ。

マイクを握らせると、しゃべりのセンスは天下一品だった。

そして、ばあちゃんのアナウンスに動かされるかのように、フルーツサンドの写真を撮りたいという人が、ひとりふたりと手をあげてくれていた。

順番にお客さんを店内に案内して、冷蔵ケースに入ったフルーツサンドを披露した。

「きゃー、何これ！　かわいいー！」

「わぁー、美味しそう！」

「買いたいです！」

フルーツサンドを目にした人の反応はすごくいいものだった。フルーツサンドの写真を撮った人はかき氷の行列に戻り、撮った写真の見せ合いっこをしていた。そのはしゃぐ姿を見て「私もフルーツサンドの写真が撮りたいです！」、そんな連鎖が起きていった。

かき氷より、もしかしたらフルーツサンドのほうが人気が出るんじゃないだろうか、僕のワクワクした感情は高まる一方だった。

さっそくその日から、ＳＮＳや口コミでフルーツサンドのうわさは広がりはじめた。

かき氷の行列と並行して、フルーツサンドの行列も毎日できるようになっていた。

次から次へとやってくる問題

しかし、販売開始早々、僕たちは生産側の問題にぶつかった。朝から全力でフルーツサンドを作ったとしても毎日100個程度しか作ることができなかったのだ。

作る人手も足りないし、すべてが手作業だったから、それが限界。

フルーツサンドを買いたいと言ってくれる人は、まとめて10個単位で買ってくれたりもする。

そうすると、1日に10人のお客さんしか買うことができない計算となる。

広まる口コミとは反対に、買える人数は少なくなるばかりだった。

しばらくそんな日が続いたが、毎日買えない人が増えてきて、やむをえず、1人あたりの購入制限をかけることにした。

「おひとりさま3個まででお願いします」

フルーツサンドは、開店1時間前から並んでくれる人が出てくるようになった。

しかも県外からのお客さんも増えていった。

並んでいるお客さんの接客を最前線でしてくれていたのはじいちゃんだった。購入制限をかけていても、並んでくれたお客さん全員が買えるわけではない日が続いた。

「せっかく遠いところ来てもらったのに申し訳なかったねぇ」

そう言いながら、じいちゃんはお客さんのためにできることは何でもした。ときには果物を渡したり、新鮮な刺身を食べさせたり、とうもろこしを茹でて渡したり。

そんなじいちゃんの接客のおかげでクレームが出たことはなかった。

それどころか「おじいちゃん、また来ますね」と言って、みんなご機嫌で帰っていくのだった。

じいちゃんの口癖「お客さんのために」はちゃんと相手に伝わる。そのことを僕に背中で教えてくれた。

それからしばらく経っても、フルーツサンドの人気は絶えることがなかった。

僕は思いきってスタッフの人数を増やし、フルーツサンドをもっと多く作ることに決めた。

スタッフの人数に比例して、1日の生産量は徐々に増えていったのだった。

これが社長としての、僕にとってはじめてのスタッフの増員だった。

18 フルーツサンド王に俺はなる！　まずは10人の仲間を集めよう

岡崎一のイケメンとの出会い

商品力もさることながら、僕にとって一番の自慢で一番の宝、それはスタッフたちだ。

フルーツサンドの増産とともに、仲間がひとりふたりと増えていった。いや、正確には無理やり増やしたといえる。

かき氷、そしてフルーツサンドが出揃った。

これから想像を超えるくらい忙しくなるかもしれない、そんな予感でワクワクしていたときに、おもしろい出会いをした男がいる。

ダイワスーパーには、昔から店の横にイートインスペースを設けてある。

お客さんにできたての惣菜をその場で食べてもらえるように、そしてダイワスーパーで一休みしてもらえるようにと、じいちゃんが考えて作ったスペースだった。

そこに座っているお客さんに話しかけることも、僕の日課となっていた。

そんなある日、イートインスペースでダイワの惣菜ではいまだかつて見たことのない、とても立派な金目鯛の煮付けを美味しそうに食べている青年がいた。

こんな商品あったかな？

僕は不思議に思いながら彼に話しかけてみた。

「お客さん、今日はどちらから来られたんですか？」

「あ、こんにちは！　社長さんですよね？　僕、社長さんと同じ高校の後輩なんです！」

「えっ、後輩くんなの？」

僕は急に親近感がわいてきた。

「りょうすけって言います。よろしくお願いします」

「おう、そっか。よろしくね！　ところで、その金目鯛の煮付けってここで売ってました？」

「いや、これは社長さんのおばあちゃんが特別に準備してくれたものなんです」

「？？？」

そしてばあちゃんは女子になった

僕は奥で惣菜作りをしていたばあちゃんの手を止めさせて、聞いた。

「ばあちゃん、あの金目鯛の煮付けはどういうことよ？」

「あら、こうき、おつかれさま。あの子ね、りょうすけくんっていうの。すごくかっこいいでしょ。ばあちゃんはりょうすけくんが大好きなのよ。イケメンだし、性格はいいし、食べっぷりもいいしね。りょうすけくん、今日の金目鯛の煮付けは美味しかったかしら？」

　ばあちゃんは女子になっていた。本来メニューにないものを勝手に出していたことに悪びれる様子もなく、イートインスペースにスキップさながらに移動した。

「おばあちゃん、いつも本当にありがとうございます。とても美味しかったです。またリピートしたいくらいでした！」

「まぁうれしい！　次も美味しいもの作ってあげるから食べにおいでね～」

「はい、いつもありがとうございます！　また楽しみにしています！」

「え？　いつもありがとうございます？　いつも？」


　りょうすけは身長185センチ。顔も小さい。たしかにうらやましくなるくらいのイケメンだ。

　よくよく聞いてみると、僕のばあちゃんはある日、ダイワスーパーに買い物に来ていたイケメンのりょうすけを見つけ、あまりにもかっこよかったことから、自分から話しかけたということだった。

それ以来、彼の好きな料理を特別に用意して、次に買い物に来る日、ばあちゃんにとっては次にりょうすけに会える日を約束して、いつもごはんを食べさせているということだった。

りょうすけのルックスのうらやましさと、ばあちゃんの女子化に、僕は複雑な気分になった。

それが、僕とりょうすけの出会うきっかけだった。

ダイワは人手が必要だったこともあり、僕はりょうすけをダイワスーパーの仲間としてスカウトすることにした。

いま現在、そのりょうすけは、僕の一番のよき相談相手であり、相棒となってくれている。

こうして仲間は増えていく

僕のリクルート活動は我ながらめちゃくちゃだったと思う。カッコよく言えばヘッドハンティングというやつだが、引き抜かれた会社はとても迷惑だったと思う。いつか謝りたい。

フルーツサンドを軸に「さあ、ここから事業展開だ」というタイミングで、弟のそうすけがダイワに入社することになった。

日に日に人手が必要になっていく僕たちは、接客が上手そうな人当たりのいい人をスカウトしていくことにした。

りょうすけの次に思いついたのが、弟の親友であるたいしだった。

たいしは、昔からおもしろいやつだった。サッカーで言えば長友佑都選手のようなガッツのかたまりというタイプだ。ちなみに顔は、2022年のワールドカップで大活躍したフランスの至宝であるエムバペ選手にどことなく似ている。

僕はそうすけからたいしの電話番号を聞き出し、電話をかけた。

「おう、たいし、覚えてるか？　そうすけのにいちゃんのこうきだよ。そうすけに電話番号を聞いて連絡したんだ」

「あ、おにいさん！　おひさしぶりです」

「たいしさぁ、いま何の仕事してるの？」

「工場で働いてます！」

「おまえ昔からおもしろいやつだったのに、結構安定した仕事に就いたんだな。楽しくやってるか？」

「いやー、正直同じ作業ばかりでおもしろいっていうわけではないですね」

「じゃあ一緒に働こうぜ！　上司に仕事やめますって言えるか？」

「はい！　やめてきます！」

3日後、たいしは本当に仕事をやめた。

いまではダイワ一番の盛り上げキャラとして、SNSでも人気のスタッフになっている。

たいしの合流からほどなくして、同じスカウトの仕方で僕は人を集めはじめた。友達、お客さんに片っぱしから声をかけて。

ゆうすけ、りょうすけ、たいし、やまと、りょう、ちひろちゃん、ちえちゃん、ひろむ。それに弟のそうすけと僕を加えてメンバーは10人となった。

たこやき屋、岡崎城西高校の後輩、自動車工場勤務、不動産営業マン、アパレル店員、高校生アルバイター、派遣社員、四ツ星ホテルのシェフ……。

元々の業種はバラバラ。しかし、経験なんて関係ないし、そもそも僕たちもまだはじめたばかり。

僕は彼らの人間性、そして自分の感覚だけを信じて人を集めた。

こうして僕たちの行進曲は奏者たちがひとりふたりと増えていった。

19 彼女は綺麗だった

やりたいことは全部やれ

2019年春。社長になって早1年。

おかげさまでたくさんのお客さんが、フルーツサンドを求めてダイワスーパーに来てくれるようになっていた。

夏の暑い日には、店の外で汗をかきながらかき氷を食べ、冬の寒い日には、寒さに震えながらフルーツサンドを待ってくれている。そんな光景が当たり前のようになった。

この1年、お客さんのそんな姿を見ていた僕は、もっとお客さんが快適な空間でゆっくりとダイワの商品を食べられる空間を作りたい、そんな思いがどうしても頭から離れなくなっていた。

僕はひさしぶりに家族会議を開くことにした。じいちゃん、ばあちゃん、母さん、弟、そして僕。それぞれが忙しくしていたため、5人での家族会議はひさしぶりだった。まず僕が思っていることを話した。

「お客さんが増えてきたのはいいんだけど、お客さんにとって、もっと快適な環境を準備したいと思う。どうだろう？」

「にいちゃん、それどういうこと？」

そうすけが聞いた。

「暑い日にはクーラーの効いたところで過ごしてもらいたいし、寒い日には体をあたたかくしてからフルーツサンドを食べてもらいたいって思ってる」

次はじいちゃんが口を開いた。

「スーパーの横に小屋を建てようか」

「じいちゃん、小屋を建てるにしても、いまのお客さんの人数からしたらスペースが狭すぎると思うんだよね」

「そうか、じゃあどうするかな」

「最近それをずっと考えてるんだけど、小さくてもいいからカフェを作りたいって思ってる」

「おー、喫茶店か。それはいいかもしれないな」

「じいちゃん、喫茶店じゃなくてカフェ」

「年寄りはそんな違いはよくわからん。出すものがケーキからフルーツサンドに変わったくらいのものだろ。やればいい」

じいちゃんはまるで「いまから温泉に行こう」というような軽いノリで言った。

「じいちゃん、もうカフェ作ることに賛成なの？　決定早くない？　ちゃんと一緒に考えてほしいんだけど」

「大丈夫だよ。おまえならできる。何も心配してないよ」

「じいちゃん、会社のことなんだから真剣に考えてよ」

「こうき、やりたいことは全部やればいい。おまえの頭に浮かんだことは全部やっていい。やってみればそれが成功するのか、失敗するのかわかるだろう。もし失敗したらまた挑戦すればいいんだ。人生は一度きりだぞ」

じいちゃんはそうやって、いつも僕の背中を押してくれた。

その鶴の一声に、ばあちゃん、母さん、弟からの反対もなく、あっさりとカフェを作ることが決まったのだった。

その場で店名が決まった。ダイワのカフェだから「ダカフェ」。

これなら僕らのシンボル「まるダ」が使えるからちょうどいい。「これ以上の名前はないね」と家族で盛り上がった。

綺麗な女性のお導き

さて、そのダカフェを作ると言っても、店舗というものを作ったことのない僕にとって、ひとつひとつのことが挑戦と失敗の繰り返しだった。

しかも、僕には決定的な弱点があった。僕はコーヒーが飲めなかったのだ。

それでカフェを作るなんて、自分でもさすがに無謀だと思った。しかし、ここまで無謀と言われる挑戦を何度も繰り返してきた自分にとっては、「無謀」という言葉は、「自分たちのステージをひとつ上に上げるための挑戦」という定義に変わっていた。

そんなある日、僕がスーパーでかき氷のレジ当番をしていたときのこと。その日の最後に来てくれたお客さんは、子ども連れの綺麗な女性だった。

あまりの美しさに、僕は話しかけたくて、チャンスはないかと様子をうかがっていた。すると、女性のほうから僕に話しかけてくれたのだった。

「社長さん、ＳＮＳいつも見てます、応援してますよ」

「わぁ、うれしいです！　ありがとうございます！」

「私ね、今日は東京から来たんです。実家が愛知なので里帰りをしていて。東京にもダイワさんがあったらいいのにって思います」

「あの、今度僕たちカフェを作るんです。お店が完成したら、またぜひ来てくださ い」

「カフェ作るの、楽しみにしてますね」

「あの、東京って、紅茶やコーヒーが美味しくて素敵なカフェとか、おすすめのところがあったら教えてください。僕、勉強に行きたくて」

「そうなんですね。じゃあ今度、私が紹介するので一緒に行きますか？」

「えー、いいんですか！　ぜひお願いします！」

表参道の紅茶専門店にて

そんな流れの会話だったので、社交辞令かと思いきや、翌日、その女性は本当に連絡をくれた。そして3日後、彼女は僕を東京・表参道の素敵な紅茶専門店に連れて行ってくれた。

さすが東京。その店は、岡崎にはないタイプの店だった。

店内の雰囲気やインテリアは洗練され、とても素敵で、フルーツティーやフレーバーティーがメニューにたくさんあった。そんなおしゃれな飲み物にふれたことがない僕にとって、とても新鮮な体験だった。

お店のマスターは伊藤さんという人だった。伊藤さんと僕は、誕生日が同じということで話が盛り上がり、初対面だというのに、店作りのことをいろいろと教えてくれたのだった。

「大山さん、紅茶ってのは奥が深いんだ。僕は茶葉にはこだわっていてね、お気に入りのものだけを仕入れているんだよ。自分が美味しいと感じたものしかメニューにしてないんだ」

「あ、それ僕のじいちゃんも同じことよく言ってます。『自分が美味しいと思えるものしかお客さんには出すな』って。なんだか伊藤さんとは不思議な縁を感じます」

「ははは、それはうれしいな。困ったことかあったら何でも相談に乗るよ」

「ありがとうございます！」

20 天才軍師、登場！

芳賀《はが》さん

「伊藤さん、さっそくなんですけど、コーヒーを扱っている方で、素敵な方って知りませんか？」

伊藤さんは紅茶の専門家。その分野のど素人の僕からすると、紅茶とコーヒーはなんとなく似ている。ひょっとしたらその道に詳しい人を知っているかもしれない。

僕はダメ元で聞いてみた。

「コーヒー？　いるよ、いるよ、紹介してあげる。電話してみるからちょっと待ってね」

ダメ元成功。そしてこういう人はとにかく行動が早いという共通点を持っている。伊藤さんは僕の目の前ですぐに電話をかけてくれた。

すると、30分もかからずにコーヒー店のオーナーが直接会いに来てくれたのだった。

彼の名は、芳賀大佑さん。僕よりも10歳年上の人だった。

その芳賀さんは、美味しいコーヒー豆を求めて、自らエチオピアなどの現地に出向き、自分の目で見て、香りを感じて、味をたしかめて、自分が本当に良いと思ったものだけを仕入れているということだった。

そのコーヒーにかける情熱とひたむきな思いに、僕は感動をしてしまった。

そして後に、軍師的存在となる芳賀さんとの出会いが、僕の人生を大きく広げてくれることになる。

僕はあなたと仕事がしたい

芳賀さんとの出会いは、ダカフェオープン10日前。

ダカフェで使うコーヒー豆は、大手コーヒーメーカーとすでに契約を結んでいた。

しかし、僕は直感的に芳賀さんと仕事がしたい！　そう思ってしまったのだ。

迷っている時間はない。僕はその場で大手コーヒーメーカーの担当さんに電話を入れた。


「オープン10日前に本当にすみません！　申し訳ないんですがコーヒー豆の仕入れ契約の解除をしたいんです。違約金もお支払いします。本当にすみません！」

「え、大山さん、急にどうされたんですか！　値段なら安くしますから契約解除なんて言わないでくださいよ」

「お金の問題じゃないんです。本当にご迷惑をおかけしてすみません。生意気言ってるのは十分わかってるんですが、一緒に仕事をやっていきたい人と出会ってしまったんです」

僕の思いが変わらないことを悟ったのか、担当者さんは少しの沈黙のあと言った。

「……大山さん、わかりました。残念ですが、では契約解除のお手続きをさせていただきますね」

「よろしくお願いいたします！」

電話は切れた。

そして僕は、あらためて芳賀さんに「これから、末永くよろしくお願いします」と伝えた。

東京に行きませんか？

ダカフェ本店オープン当日、伊藤さんと芳賀さんは、オープンのお祝いに東京から岡崎までかけつけてくれた。そして、気がつけばキッチンに入り、不慣れなスタッフより率先して紅茶やコーヒーを、1日中淹《い》れ続けてくれたのだった。

ダカフェがオープンしてから3カ月。

芳賀さんが「渋谷の隣にある中目黒という若者たちが集まる街に、とてもいい条件で、いい立地の物件があるから、東京でフルーツサンドのお店を出してみないか？」という話を持ってきてくれたのだった。

中目黒は知らなかったが、さすがに渋谷という街は知っていた。テレビで見るスクランブル交差点はいつか行ってみたい場所の1つだった。東京、しかも渋谷周辺という日本の中心で勝負をするというのは楽しそうではあった。しかし正直怖さもあった。

僕たちのフルーツサンドは、東京で通用するものなのだろうか？

東京のレベルについていけるのだろうか？

田舎者が東京に行って生活できるのだろうか？

僕にとって東京は、テレビの中に存在する街だった。

21 恵比寿さんに導かれて

僕たちのダカフェ、東京へ

この人との出会いがなかったら。

スタッフたちはもちろんのこと、特にそれを思うのは、僕に東京出店のきっかけをくれた芳賀大佑さんとの出会いだった。

緊急事態宣言は、人が集まることでしか成り立たない飲食店にとっては大打撃だった。2020年前後に出店を決めていた店のオーナーたちは大変だったと思う。

2020年夏、そんなコロナ禍のど真ん中、なんとか中目黒のテイクアウト店が軌道に乗ってきたころ、芳賀さんから連絡があった。

「大山くん、あのさ、東京にダカフェの出店って無理かな」

「え、芳賀さん。このコロナ禍にカフェの出店ですか？」

芳賀さんから言われた物件は、中目黒から1キロも離れていない、恵比寿に新しくオープンするホテルの1階だった。

ホテルの建設は、物件取得から構造計算もふくめて、一般的に5年くらいは期間を要するらしい。完成が2020年のことだから、その計算で考えると計画は2015年からはじまったことになる。よほどのすごい預言者でもない限り、その5年後にはじまるコロナ禍のことなんてわかるはずがない。

出店が決まっていた大手のコーヒーチェーンが計画を白紙にしたため、そのチェーンの会長が、たまたま知り合いだった芳賀さんに声をかけたのだ。

芳賀さんは僕と知り合った2019年の9月にオープンしたダカフェに将来性を感じてくれたらしく、同年11月に、福岡市にオープンするホテルの1階で、芳賀さんがダイワのフルーツサンドを扱ったカフェを出すことになった。

それは、僕たちにとってはフランチャイズ1号店となり、大繁盛した。

その経験則から「ダイワなら必ずいける」と声をかけてくれたのが一連の流れだ。

人生はあみだくじ

中目黒、恵比寿。そして後に出した表参道、愛知の豊川イオン。こうした僕たちの出店の話は、すべて芳賀さんが持ってきてくれたものだ。

芳賀さんは出店や交渉のプロ。

愛知の岡崎で勘と勢いだけでやってきた僕に、出店のノウハウ、企業に対しての交渉術、インフルエンサーマーケティングなどを教えてくれたのも芳賀さんだった。

2022年の夏、僕からお願いし、芳賀さんをダイワの役員として迎え入れた。

芳賀さんがダイワのフルーツを仕入れてくれているのと同時に、僕たちは、芳賀さん自身が焙煎《ばいせん》をしているコーヒーを仕入れている。

つまりお互いがウィンウィンで共に成長できる、いい関係なのだ。

ちなみに、僕は芳賀さんのことを、大きな福を運んできてくれた「ダイワの恵比寿さん」だと思っている。

人との出会いは本当に不思議だ。

誰と出会うかで、まるであみだくじのように運命が変わっていく。

芳賀さんとのあの出会いがなかったら、僕はいま、まったく違った道を歩いていただろうし、東京に来ることはなかっただろう。そして東京で出会った、出版のきっかけをくれた人たちとの出会いもなかっただろうから、いま、こうして本を書くこともなかったと思う。

あみだくじはここからも続いていく。

ここからまたどんな運命の人に出会えるか、いまからワクワクが止まらない。

22

日本一になりたいなら、日本一のいる場所に行け

じいちゃんが若いころに描いた夢

東京か、どうしよう。

土地勘のない場所に店を出すこと、しかもそれが日本一の街である東京ということに対して、僕は悩んでいた。

悩んだときは師匠に相談するに限る。事務所でじいちゃんにその話をすると、じいちゃんはすぐさま僕に言った。

「いい話だ！　うちのフルーツサンドは東京でも通じるぞ、いけいけ！」

拍子抜けするくらい、じいちゃんは乗り気だった。

そのとき言われたことがいまでも記憶に残っている。

「こうき、おまえはこのフルーツサンドを日本一にしたいんだよな？」

「うん、その思いはいまも何も変わってないよ」

「あのな、日本一になりたいんだったら日本一の街に行くのが一番早い。東京は人口も日本一。すごい人たちの数も当然日本一だ」

「じいちゃん、東京って遠いよ」

「慣れれば近くなるよ。いいなあ、じいちゃんも東京に行きたかったなあ」

「え？　そうなの？」

「岡崎で商売をやりながら何度も考えたよ。『東京で商売したらどんなに楽しいだろう』ってな。でもじいちゃんにはその勇気が持てなかった。田舎者だったからかな」

空想から挑戦へ

じいちゃんも東京に行きたいと思ったことがあるんだ。それははじめて聞いた話だった。僕はじいちゃんの話を黙って聞いた。

「こうき。人生も商売もな、誰と出会うかで大きく変わるぞ。孫のおまえにこんなことを言うのは、じじバカみたいだけどな、おまえは商人としては俺よりはるかに上だ。東京に行っても必ず通用する」

「じいちゃん……」

「東京にはすごい人たちがたくさんいる。そういう人たちと出会って、その人たちの中に飛び込んで大きくなってこい」

じいちゃんのこの言葉がなかったら、僕は東京の話を断っていたような気がする。それはそれで楽しく生きていたと思うが、おそらくこの本を書くこともなかっただろう。後に書くが、東京にはじいちゃんの言うとおり、いや、それ以上の人たちがいた。

「日本一になりたいなら、日本一のいる場所に行け」

言葉はシンプルだけど、じいちゃんのこの言葉は真理だと僕は思う。

こうして僕にとって東京は、テレビの中にある空想の街から、自分たちの腕試しをする挑戦の街に変わった。

23

いつかはクラウン

じいちゃんの挑戦

僕が入社してすぐ、じいちゃんが自動車で事故を起こし、免許取り消しになってしまった時期がある。

それまでは市場も配達も自分ひとりで行けていたのに、自動車での移動の自由がきかなくなっていた。

それから1年くらい経ったある日、じいちゃんは免許をもう一度取るために自動車学校に行くと言い出した。

「なぁ、こうき。俺もう一回免許を取ってもいいかのぉ？」

「えぇー？　じいちゃん運転できないことは気にしなくていいよ。歳も歳だし、もう免許を返却してもいい歳だろ？　市場も配達も俺が全部やるから心配しなくていいよ」

「いや、そうじゃなくてな。このまま人生を終わりたくないんだよ」

「そうなんだ、じいちゃんの人生だから自由にしたらいいと思うけど」

「おぅ、そうか」

「でもじいちゃん、いま免許取るのは筆記試験がむずかしいらしいよ」

「ははは、それならしっかり勉強せんとな」

そう言って、じいちゃんは本当に自動車学校に通いはじめたのだった。自動車学校で若い子と一緒に勉強をすることは、じいちゃんにとって、とても楽しそうだった。

しかし、筆記試験はかなりむずかしくなっているようで、一回目の挑戦は不合格。ばあちゃんからは「もういいかげん諦めなさいよ」と言われ続けた。それもそのはず、じいちゃんは75歳だ。

しかし、猛勉強の末、家族全員が驚く結果が出た。二回目の試験で、まさかの満点合格で免許を取ることができたのだった。

がんばり屋さんへのサプライズ

僕は、免許が取れたじいちゃんに、これまでの恩返しの意味も込めて車をプレゼントすることにした。

それは、じいちゃんがずっと乗りたがっていた車「トヨタのクラウン」だった。

「昭和、俺たちの生きた時代はな、『いつかはクラウン』って言いながらがんばったもんだよ」

昭和はクラウンだったのか。令和になったいまで言えば「いつかはアルファード」と言ったところだろうか。

いずれにせよ、じいちゃんももう歳だ。まだまだ元気ではあるけど、いつ何が起きるかわからない。その「いつか」を「いま」に変えたかった。

クラウンの納車をすませ、店の駐車場に停めたクラウンを見たときのじいちゃんの驚いた表情、乗り込んだときの子どものようなうれしそうな顔をいまでも忘れない。

それからというもの、じいちゃんは休みの日にもクラウンに乗って市場に行き、じゃがいもやごぼうなど、野菜を後部座席いっぱいに載せて帰ってきたりして、後部座席はいつも砂だらけになっていた。

それでもそのクラウンを大切にしてくれ、「孫が買ってくれた」といろんな人にこそっと言っているじいちゃんの姿が、僕にはたまらなくうれしかった。

そしてじいちゃんが免許を取って半年も経たないころ、誰もが想像もしていなかったことが起きることになる。

24 翼をください

胸騒ぎ

東京進出が決まって以来、僕は毎回の東京出張が楽しみになっていた。

２０２０年2月27日。その日の朝も、日課である市場に朝からじいちゃんと一緒に出かけ、帰ってきたその足で昼からの打ち合わせのために東京に向かっていた。

新幹線に乗り、あと少しで東京に到着するというときに電話が鳴った。着信を見ると母からだった。

「もしもし、こうき？」

「母さん、どうしたの」

「あのね、じいちゃんが救急車で病院に運ばれたみたいなの。状況はまだよくわからないんだけど、今朝は一緒に市場に出かけたんでしょ。変わったところはなかった？」

「え、じいちゃんが？　朝、市場に行ったときは、いつもどおりだったけど」

「そうなのね、じゃあ心配ないかな。ありがとう、また連絡するわ」

短い電話だったが、嫌な胸騒ぎがした。

東京駅に到着してすぐに、僕は母に電話をかけ直すことにした。

「母さん、じいちゃんどんな具合なの？　俺、岡崎に戻ろうか？」

「いや、そこまでしなくて大丈夫よ。なんかね、じいちゃん自分で救急車を呼んで運ばれたみたいなのよ。私もいまから病院に行ってみるけど心配ないと思うよ」

「そっか、それなら心配ないかな。でも状況がわかったらすぐに連絡してよね」

「とりあえず病院に行って様子を見てくるわ」

「俺もいまから打ち合わせだけど、電話は出れるようにしておくから」

「わかった」

胸のざわつきがおさまることはなかったが「自分で救急車を呼べるなら大丈夫」、そう自分に言い聞かせ、僕は打ち合わせに向かうことにした。

そして打ち合わせも無事に終わり、ちょうど一息つこうとしていたときに、母からの着信があった。

急変

「もしもし母さん、じいちゃんはどんな具合？」

「うん、たぶん大丈夫よ。マンゴーとパイナップルのフルーツサンドが食べたいから持って来てくれって。いまスーパーに取りに戻ってるところよ」

「あーそっか。大事な打ち合わせはもう終わったからいつでも連絡してよね」

「わかったわ」

電話は切れた。

母の様子からは、心配はなさそうだった。

しかし、安堵したのもつかの間、その1時間後、また母からの着信があった。

「もしもし、こうき……」

声のトーンがさっきとはまったく違い、動揺しているのがすぐに伝わってきた。

「母さんどうしたの！」

「それが……」

電話の向こうで泣いているのか、言葉に詰まりながらも話をしてくれた。

「じいちゃんの容態が急変したの。病院の先生から話があって。今夜が山かもしれないって」

「どういうこと……」

「わからないの。どうしよう」

「母さん、わかったから落ち着いて。とにかくじいちゃんのそばにいてあげてよ。俺もすぐに岡崎に戻るから！」

僕は一緒に打ち合わせに同席をしてくれていた芳賀さんに挨拶をして、すぐにタクシーに乗り込み、東京駅へと向かった。

一番早い新幹線のチケットをとり、帰りを急いだ。

「頼むから早く岡崎に着いてくれ。じいちゃん無事でいてくれよ」

高速で空を飛べる翼がほしい。心からそう思った。焦る気持ちを抑えるのに必死になりながらも僕は祈り続けた。

いつもなら東京までの距離をあっという間に感じるのに、その日の僕にとって、新幹線での数時間はとてつもなく長いものに感じた。


ひょっとしたらもう会えなくなるかもしれない。

今日の朝まで元気だったのに。

やっとこれから東京にじいちゃんのダイワを連れて行けるのに。

そんな不安をかき消すために、僕はノートを出して、じいちゃんとの思い出、教えてくれたことをただひたすら思い出し続けた。

第4章

僕のヒーローが教えてくれたこと

25 旬を逃すな

小さなミスの積み重ねはやがて大きなミスとなる

いつもより時間が長く長く感じる新幹線の中、僕はじいちゃんが教えてくれた、いろんなことを、記憶を掘り起こすように探した。

もし、じいちゃんに会えなくなってしまったら。

その不安が僕の記憶を呼び覚ましてくれたのかもしれない。

ダイワに入社してすぐのころ、毎日朝5時にじいちゃんと岡崎の市場に出発するために、スーパーで待ち合わせをしていた。朝が苦手だった僕は、毎日数分の遅刻を繰り返していた。

いまならわかることがある。それは大きなミスは、小さなミスの繰り返しから起きてしまうということ。

そんなある日、事件は起きた。

小さな遅刻を繰り返しながらもなんとか早起きをし、ようやく慣れてきたと感じはじめていたころ。

その日、僕は完全に寝過ごしてしまい、起きたのが朝8時。外は完全に明るくなっていた。目覚まし時計を無意識に消してしまっていたのだ。僕は急いでスーパーに走った。

「じいちゃんごめんなさい！」

店についてすぐさま僕があやまると、じいちゃんは言った。

「こうき、おはよう。よく眠れたか？　こうきのおかげで今日はよく体を動かせたからあたたまってぽかぽかだよ。ありがとうね」

大失態をしてしまった僕にも、じいちゃんは変わらずいつもの笑顔だった。

入社して1カ月、約束の時間を守れた日のほうが正直少ない。そんな甘えた僕を責めることもなく、叱ることもなく、毎日優しく接してくれるじいちゃん。申し訳ない気持ちでいたたまれなくなってしまった。

そしてこの日を境に、僕は遅刻をすることがなくなった。

旬のものは旬のうちに

そんな温厚なじいちゃんに、たった一度だけ注意をされたことがあった。

それは、じいちゃんに頼まれていた仕事を放置してしまっていたことだった。

「こうき、この前頼んだ商品チェックはどうなったかい？」

「あ、じいちゃん、ごめん！　すっかり忘れてた……」

「こうき、ここに座りなさい」

めずらしくじいちゃんの表情がけわしくなった。

「こうき、いいかい。食べ物にも旬があるように、仕事にも旬があるんだよ。やらなきゃいけない仕事をそのままにしてたら、どんどん腐っていってしまう。まかされた、頼まれたタイミングっていうのがその仕事の旬なんだよ、わかるかい？」

「うん、わかる」

「5日以内にやっておいてって言われたら、5日以内にすれば問題はないんだけど、1日でも早くやり終えることができれば、それは相手の期待を超えるっていうことだし、旬のものを一番美味しく食べることができるっていうことと一緒なんだよ。八百屋だからこそ、旬を大切にしないとな」

「じいちゃん、ごめんね。これからは気をつけるよ」

それからというもの、僕は何かが起きると、すぐに行動を起こすということに意識を向けるようになった。

26 足で売ることを忘れるな

あまった800個のフルーツサンド

フルーツサンドの行列がおかげさまで続いていた2018年。

ある日、昨日までいたお客さんが突如《とつじょ》として姿を消した日があった。いつもならお店の前にあるはずの行列ができていなかった。

「あ、フルーツサンドの時代がとうとう終わってしまった……」

お店にある800個のフルーツサンドが色とりどりに並んでいるショーケースの前で、僕は愕然《がくぜん》としていた。

しかし、結果としてそれは杞憂《きゆう》に終わった。

後で気づいたのだが、その日、２０１８年の12月24日はクリスマスイブ。クリスマスのお祝いといえば、世間ではケーキが主流だから、この日に限っては、誰もフルーツサンドを求めていなかったのだ。

そんなことにも気づかず、店の前でボーッと突っ立っている僕を見つけたじいちゃんが僕に話しかけてきた。

「こうき、どうした？」

「……じいちゃん、お客さんが消えちゃった。あまったフルーツサンドどうしよう」

落ち込む僕にじいちゃんはさらっと言った。

「何個作ったんだ？」

「８００個……」

「あははははは。あらためて聞くとすごい数だな。うん、すごいすごい」

事の重大さを軽く笑い飛ばすじいちゃんに僕は少しイラッとした。そんな僕にかまうことなく、じいちゃんは言った。

「売りに行けばいいんじゃないか？　来てくれないなら自分から行けばいい。全部売れなかったらスタッフたちに持って帰ってもらえばいいよ。みんな喜ぶだろ」

「じいちゃん、そんなに簡単に言わないでよ」

「俺が行商をしてたときは毎日売りに行ってたぞ？」

……そのとおりだ。じいちゃんはリヤカーで毎日商品を売りに行っていたことをすっかり忘れていた。しかもいまの時代は車がある。

そう考えたら、リヤカーの何倍も楽なはずだ。自分よりはるかに過酷なことをやってきた経験者の言葉の前に、僕は自分が恥ずかしくなった。

お店に来てくれないなら自分から売りに行けばいい

とりあえずやってみよう。僕は800個のフルーツサンドを冷蔵車に載せ、SNSでのライブ配信をはじめた。

リアルタイムでいまの状況を届けることができる。そう考えたらなんてありがたい時代なんだ。リヤカーで商品を売っていたころは、こんなことは絶対無理だったはず。

「ここで待ってます。売りに来てー」

というお客さんのあたたかい反応を見ながら、僕は車の中で時代の進化、そして何もなかったころからいまのダイワの土台を作ってくれたじいちゃんに感謝した。

「おはよーございます！　みなさん！　今日はクリスマスイブですね。家族でお食事の方が多いのではないでしょうか。時代はクリスマスケーキではなく、クリスマスフルーツサンドではないでしょうか！　800個のフルーツサンドを販売してますよー！」

当たり前だが、その日お客さんたちはクリスマスケーキを買っている。

800個という量は思いのほか、減ってはくれなかった。

夜になり、サンタの格好をしてライブ配信を続けた。

そんな僕を哀れに思ってくれたのか、

「ケーキは買ってるんだけど、社長さんの一生懸命さに応援したくなりました」

と、買ってくださる方がひとり、ふたりと手をあげてくれたのだった。

17時から売りはじめて5時間を過ぎてあきらめそうになっていたころ、おそらく家でのクリスマスパーティーを終わらせた人たちが、夜食がわりにフルーツサンドを求めはじめてくれたのだと思う。

この時間帯から、配信を見てくれていたお客さんのコメントが一気に増えていった。

「フルーツサンド買いたいです」

「フルーツサンド買えるんですか？　クリスマスは絶対買えないと思ってました」

僕は、買ってくれると名乗り出てくれたお客さんのもとへ車を走らせ、売って歩いた。

そして、その様子をSNSでライブ配信をし、実況中継し続けたのだった。

「どんなに遠い場所でも、今日はクリスマスなので僕は行きます！」

ありがたいことに、朝方まで僕が到着するのを待ってくれているお客さんもいて、無事に800個のフルーツサンドは完売したのだった。

来てくれないなら自分から行く。
最初からあきらめずに、いまできる目の前のことを一生懸命やってみる。

すると必ず協力者が現れてくれる。

「俺は毎日売りに行っていたよ」

じいちゃんのこの何気ない一言のおかげで、僕は商人として、とても貴重な体験をさせてもらうことができた。

27 スタッフたちはリーダーの背中を真似る

ミスしたときの対応と在り方がお客さんとの関係性を決める

「食べ物も仕事も旬のうちに」

じいちゃんのこの言葉で救われ、そしてスタッフ教育が同時にできたできごとがある。

ダカフェの本店をオープンさせてから1カ月経った夜の10時。店の片付けも終わり、事務所でりょうすけとミーティングをしていたときのこと。僕のSNSのダイレクトメッセージに、1通のメッセージが届いた。

それは、その日にダカフェに来てくださったお客さんからのお怒りのメッセージだった。

そのお客さんは、その日はじめてダカフェに来てくれたということだった。期待をして来てくれたのだが、５００円のおつりをもらえていないということだった。そのメッセージを送ってくださったのは、ダカフェから車で1時間半ほど離れた場所に住んでいるお客さんだった。

僕はすぐに売り上げの確認をした。すると、そのお客さんの言うように、現金がぴったり５００円多くレジに入っていたのだった。僕は急いでお客さんに連絡をした。

「大変申し訳ありません。いまから５００円をご返却にうかがいたいので、失礼ですが、ご自宅の住所を教えていただけないでしょうか」

「夜遅いですし、もういいです！　ただ、期待はずれだったということだけを社長さんに伝えたかっただけなので」

「本当に申し訳ありません！　５００円は家のポストに入れさせていただきますので、ご住所を教えていただきたいです」

僕はりょうすけに事務所の戸締りをお願いし、事務所を出ようとした。

すると、

「社長、僕も連れて行ってください！」

りょうすけは、僕とお客さんのやりとりをすべて見ていて、「自分も一緒に行きたい」と言ってくれたのだった。

「りょうすけ、いまから出発するとお客さんの家に到着するのは12時過ぎるぞ。そこから岡崎に戻ってくると2時は過ぎる。明日も5時から市場だから、寝る時間がなくなっちゃうよ」

「寝れないのは社長も同じじゃないですか。社長をひとりで行かせるわけには行きません！　僕も行きたいです」

「りょうすけ、ありがとう」

僕たちは急いで車を走らせた。

思いはお客さんにもスタッフにも必ず伝わる

お客さんの家に到着したら、ポストに500円とメッセージを入れてこっそりと帰るつもりだった。

しかし、なんとお客さんは起きて僕たちを待っていてくれたのだった。

しかも、コンビニの袋いっぱいお茶やお菓子を詰め込んで持たせてくれた。それが500円以上のものであることはすぐにわかった。

僕はその気持ちがうれしくて、心があたたかくなった。

「社長さん、ここまでしてもらえるなんて思ってもみませんでした。失礼なメッセージを送ってしまい、すみませんでした」

「いえいえ、こちらがすべて悪いので。本当に不快な思いをさせてしまい、申し訳ありませんでした」

それからというもの、そのお客さんは週に1回は必ずうちの店に来てくれるほど常連さんとなってくれている。いまではそのときのことを笑って話ができるようになった。

思いを持ってすぐに行動をすれば、その思いは必ず伝わる。それを実感するできごととなったのだった。

スピードこそ実力

一部始終を見ていたりょうすけは、僕のいないところで他のスタッフに向けて、僕のとった行動を伝えてくれていた。

それから2週間が経ち、またしても同じようなことが起きた。

そのお客さんは1000円のおつりをもらっていないということだった。

たまたまその連絡を受けたたいしは、自分の判断でお客さんと連絡をとり、夜中にひとりでお客さんの家までおつりを返しに行ったそうだ。

翌日、僕はお客さんからのメッセージで、そのことを知った。

「社長さん、昨日おつりをもらっていなかったとスタッフの方へ連絡をさせてもらいました。そうしたら、たいしさんがわざわざ家まで持って来てくれたんです。その行動と一生懸命な思いに感動しました」

僕のとった行動を聞いたスタッフが、自分の頭で考え、行動を起こしたということがうれしかった。

スタッフの成長を見ることができたとき、僕はまるでご褒美をもらえたような気持ちになる。

「食べ物も仕事も旬のうちに」

このじいちゃんの教えに加え、このできごとをきっかけに、僕はもうひとつスタッフたちに伝えていることがある。

それは「スピードこそ実力」という言葉だ。

仕事ではいろんなことが起きる。その対応を先延ばしにすると、どんどんやるべきことだけが溜まっていき、やがて仕事に支障をきたすようになる。そのとき起きたことは、その都度全力で片付けていく。これも仕事をする上での大切な心構えなのではないか、と僕は思っている。

28 まずは自分が楽しみなさい

楽しい人のところに人は集まる

僕が幼いときから、じいちゃんがいつも言っていた言葉がある。

それは**「楽しく商いをする」**ということだ。

言葉どおり、じいちゃんはいつも楽しそうだった。

毎日のように僕やスタッフたちに向けて「楽しく商いしよう」という言葉を口にしていた。朝に市場に行くとき、店ですれ違ったとき、仕事が終わったとき、いつもこう言っていた。

しかし、人というのはだんだんと慣れが出てきてしまう。特に僕のように若いとなおさらそうなりやすい。はじめての仕事や新しく覚えることが多いときには楽しく仕事ができていたのに、慣れてくるにつれ、仕事自体が当たり前になってきて、正直、仕事を楽しく思えなくなってくる。

そのときの僕も、ちょうど仕事が楽しめなくなっていた。

あるとき、僕はじいちゃんに聞いてみた。

「じいちゃん、毎日毎日『楽しく商いしよう』って言うけどさ、どうしたら楽しく仕事ができるの？　俺は仕事は基本的にはきついものだと思ってる」

「ははは！　こうきは仕事がきつくて楽しくないのか！　わははははは」

「じいちゃんは何十年も同じ仕事をしてるのに、毎日楽しそうだよね」

「こうき、楽しく働くためにはな、まずはまかされた仕事を好きになることだよな」

「仕事を好きになるって。好きになれない仕事だってあるじゃんか……」

「こうき、仕事を好きになれないときには単に雑念が多いんだよ。要は、ひまって

ことだな。あれこれ余計なことを考えてるひまがあるんだったら目の前の仕事を一生懸命にやってみろ。そしてな、人から頼まれたことを期待以上に返してみろ。一生懸命にやってないから楽しくないんだよ」

僕は何も言えなくなってしまった。正直、じいちゃんの言うとおりだった。

経営者として5年。まだ未熟な自分なりにも、いま確信していることがある。

それは楽しい場所に人は集まるということ。

そしてその楽しさは常に自分が起点となるということ。

「どうすれば楽しくなるのか？」この考え方を習慣化していかない限り、まわりも自分も決して楽しくはならないということ。

これもじいちゃんが自分の言葉だけでなく、姿勢を通して教えてくれ、経営の実践の中で確信したことだ。

自分の機嫌は自分で取る

「こうき、楽しく商いをするっていうのはな、人から見て楽しそうに見えてるかっていうことも大切なことなんだよ。楽しそうに見えてないっていうことは、人からも応援をされなくなってしまうんだ。こうきはどういう人を見て応援したいって思うかい」

「一生懸命な人かな」

「おう、そうだよな。甲子園を目指す高校野球の球児たちを思い浮かべてみろ。あの子たちはまさに応援したくなる典型だよな。あのテレビ画面から伝わる一生懸命さ、その姿に人は感動したり応援したくなるんだよな。こうきも甲子園を目指す高校球児みたいな働き方を目指したらいいよ。わはははは」

じいちゃんの明るさにはいつも救われる。

高校球児みたいな一生懸命さ、ひたむきさ、そして純粋さ。

それはその言葉をもらった当時の僕に一番足りていないものだった。

「そして楽しく生きるためにはな、自分の機嫌くらいは自分で取らないとな。それがまわりにいてくれるみんなのためだし、おまえ自身のためになる。いつも上機嫌でいろ。そうしたらもっともっと毎日が楽しくなるぞ」

「でも笑えないときもあるよ」

「それはおまえが順番を間違えてるんだよ。楽しいことがあるから笑うんじゃないんだ。笑顔でいるから楽しくなるんだよ。プロの商人っていうのは、上機嫌で笑顔でいるから、また笑顔になれるようなことが起きるんだ」

楽しいから笑うんじゃなくて、笑うから楽しくなる。それもひとつありかもしれない。

幼いときから両親が共働きをしていたこともあって、いつも一緒にいることができない親の代わりに、思ってくれていたのだろうか。じいちゃんは昔からこんな話を僕によくしてくれていたのだった。

そんなことをいくつも思い出していくうちに、自分がどれだけじいちゃんの言葉に救われ、影響を受けてきたかをあらためて知った。

じいちゃんは間違いなく僕にとってのヒーローだった。

じいちゃんとのたくさんの思い出を思い出し、なんとも言えない感情があふれそうになったとき、電車から次の到着駅が岡崎であるというアナウンスが聞こえてきた。

29 がんばれこうき

約束

電車での長い長い時間を過ごし、岡崎着。

僕はすぐにじいちゃんのいる病院に向かった。

もともと病院は好きなところじゃない。幼いころから身体だけは元気だったため、病院との縁はほとんどなかった。したがって当然、馴染みのない病院の雰囲気は得意じゃない。

しかし、今日はいつにも増して病院に入るのがこわくてたまらなかった。

こんなことじゃだめだ。どんなことが起きてもしっかりとしていよう。僕は夜間入口の前で深呼吸をしてそう誓った。

しかし、その誓いはもろくも崩れ去った。

病室に入ってじいちゃんを見たとたん、僕は言葉を失った。

今朝、いつもどおりに一緒に市場に行ったじいちゃんが、息も荒く、人工呼吸器につながれ、変わり果てた姿になっていた。

僕はじいちゃんのそばにかけよった。すでに意識はもうろうとしていた。


「じいちゃん、聞こえる？　こうきだよ、東京からいま帰ったよ」

じいちゃんは「わかるよ」と言うように目を細めて応えてくれた。

いまにも消えそうな意識の中、じいちゃんは僕に何かを伝えようと、かすかに口を動かしているのがわかった。

僕はじいちゃんの口元に顔をよせて耳を澄ませた。

途切れ途切れだったが、じいちゃんは僕にこう言ってくれた。

「こうき、あのフルーツサンドを日本中たくさんの人に届けてあげなさい。必ず幸せな人が増えるはずだから」

「……うん」

「こうき……」

「はい」

「与える人になりなさい……。それが……一番お前が幸せになる近道だ……」

かすれそうで途切れ途切れのじいちゃんの言葉を、僕は一生懸命、涙をこらえながら聞いた。

「じいちゃん、わかった。必ず約束する！」

じいちゃんは僕の言葉を聞くと、安心したように小さく笑顔になった。

今日朝まで元気だったじいちゃんの命が目の前で消えようとしている。

同時に、新幹線の中で思い出したことだけでなく、幼いころからのことが走馬灯のように頭を駆け巡った。

ラストメッセージ

「こうき、いけー」

中学の部活の駅伝大会で、沿道からばあちゃんと一緒に、誰よりも大きな声で応援をしてくれたこと。

「こうき、商売は楽しいなあ」

幼いころ、僕を軽トラの横に乗せて市場に連れて行ってくれたこと。

「こうき、おはよう。よく眠れたか?」

入社したてにもかかわらず遅刻した僕に、笑顔でそう言ってくれたこと。

「このフルーツサンドは美味しいなあ。この商品はじいちゃんの誇りだ」

できたばかりのフルーツサンドを食べて心から喜んでくれたこと。

「こうき、日本一の街に行って、でっかくなってこい」

東京行きを迷っている僕の背中をドンと押してくれたこと。

じいちゃんとの数々の思い出があふれてきた。

「じいちゃん」

じいちゃんが僕の言葉に手を握り返す。

「じいちゃん！」

握り返す手の力がだんだんと弱くなっていく。

「じいちゃん！！！」

泣くな。取り乱すな。冷静でいろ。

心の中で自分にそう声をかけ続け、なんとか我慢していた感情が堰《せき》を切った。

気がつくと僕は大声でじいちゃんを呼んでいた。

ベッドの逆側では、ばあちゃんがじいちゃんの手を握っている。

その隣で母とそうすけがじいちゃんに向かって叫んでいる。

目の前にいる3人も涙でぐちゃぐちゃになっていた。

「……がんばれ」

おそらくこれが精一杯だったのだろう。

もう名前を呼ぶ力もなかったのだと思うが、それが僕やそうすけへのメッセージであることだけはわかった。

荒くなる呼吸の中で言ったこの言葉を最後に、じいちゃんは静かになった。

それから約1時間後、２０２０年2月28日午前1時過ぎ。

「がんばれ」

この言葉を残して僕のヒーローはいなくなった。

第5章

そして日本一の街へ

30 嵐の中での販売開始

新型コロナウイルス緊急事態宣言

じいちゃんのお通夜、葬式が終わった。

市場関係の人たち、スーパーの取引先の人たち、全スタッフ、そして親戚。

じいちゃんは6人兄弟の長男、そしてばあちゃんは8人兄弟の長女であったことから、親族だけでも相当な数がいる。

そしてちょうどこのときは、この後やってくる〝嵐〟の直前だったので、葬儀場には人がごった返していた。すぐこの後から人が集まることが禁止されたことを考えると、たくさんの人たちに見送ってもらえたこと。これも生前じいちゃんが積んできた人徳のなせる業なのだと思う。

葬儀までは気を張っていたが、終わると同時に僕の心の中にポッカリと穴が開いた。商売の師匠であり、人生の先輩であり、僕にとって一番の応援団でいてくれた人。そのじいちゃんとの突然の別れは、とてつもない喪失感を僕に与えた。

しかし、僕はいつまでも泣いてばかりもいられない状況にいた。

葬式の翌日から、業者さんからの電話は毎日鳴り止むことがなかった。

東京出店の準備は大詰めを迎えていたのだ。

2020年3月上旬、世の中は『新型コロナウイルス』のニュースが連日メディアやネットで報道され、世界中が目に見えない敵の脅威に怯えはじめていた。

そしてついに2020年3月13日。

『新型コロナウイルス特別措置法』が成立した。

正解がわからない！

僕は迷っていた。

いくら契約したのがまだコロナの予測もまったくつかなかった年明けだったとはいえ、世間からの声、そしてじいちゃんが亡くなってすぐのタイミングで東京進出をすることは本当に正しいんだろうか、と。

しかもビジネスの契約上、突然の解約には莫大な違約金が発生する。その後1年ほど経ってコロナの支援金制度が整備されたが、この時点ではそんな保証はまったくなかった。

「なんでこんなときに……」

じいちゃんの死に加え、コロナの緊急事態宣言。

悪いことはなぜか重なると聞いたことがあるが、その言葉どおり、すべてのタイミングが悪い方向で重なった。

僕はまさに「泣きっ面に蜂」状態だった。

このころ、何度、天を恨みながら見上げただろうか。

昨日の味方が今日の敵

そのころ、僕たちは東京出店に向けて、2カ月前からSNSでの発信にとくに力を入れていた。かき氷のときの行列も、フルーツサンドの広がりも、いままではSNSは僕たちの味方だった。しかし、今回ばかりはSNSの怖さを思い知ることになった。

東京進出の記事を投稿するたびに、ダイレクトメッセージやコメントに僕たちを非難する声が殺到した。それまで大きな味方だったSNSが、一転して巨大な敵になってしまったのだ。

そのことがより一層、僕たちの出店への不安を大きくしていくことになった。

未知のウイルスの恐怖の中、何が正解なのかがまったくわからない。

これは僕と同じように飲食店をやっている人、事業をやっている人たちはみんな同じ気持ちだったと思う。

そのとき僕にあったのは、「応援してくれている方々、フルーツサンドを待ってくれている方々に少しでも安心を届けたい」その思いだけだった。

岡崎から東京に車で向かう途中の静岡県のサービスエリアで、僕はひとりでライブ配信をすることにした。

「おはよーございます！　新型コロナウイルスが広がっていますが、僕は元気です。公共の乗り物は人との接触も多いので、僕は車で岡崎と東京の間を行き来しています。感染のリスクも考えて行動していますので、これからも応援よろしくお願いします！」

すると、ライブ配信中にもかかわらず、非難のコメントが殺到したのだった。

「緊急事態宣言中に開店するわけないですよね？」

「こんな時期に自粛しないなんて信じられない」

「社長は若いから考えが甘すぎる」

じいちゃんの葬式後、気を張ってがんばってはきた。みんなに心配をかけまいと、毎日カラ元気で振る舞ってはいた。

しかし正直、僕の心は限界だった。

ふだんならサラっと流せる言葉までもが心に刺さってくる。

こうした言葉に耐えきれず、ライブ配信中にもかかわらず、僕はみんなの前で号泣してしまったのだ。

母やスタッフからも、

「出店の時期は待ったほうがいい」

「いまはスタートするタイミングじゃない」

そう反対する声が多かった。

しかし、東京の店舗の契約は完全に成立し、家賃も発生しはじめていた。

答えをくれたじいちゃんの在り方

もし、じいちゃんが生きていたら、こんなときなんて言ってくれるだろう。

僕は、実家のじいちゃんの仏壇の前に座り、手を合わせた。

「じいちゃん、僕はどうしたらいいんだろう。じいちゃんならこんなときどうする?」

目を閉じると、じいちゃんの笑った顔しか浮かばなかった。

「こうき、大丈夫だ! 思いっきりやってこい」

じいちゃんなら、きっといつもと変わらない笑顔で僕の背中を押してくれる。

じいちゃんは何があっても店を休まない人だった。

親戚の不幸ごとがあっても店を閉めることはなかった。

「ダイワが開いていないと、お客さんが困るだろう」

それがじいちゃんの口癖であり、商人としての在り方だった。

そして弱音も吐かず、その姿勢を貫いたまま、命を終える当日まで現役で走り続けた人だった。

もしじいちゃんだったらどうする？

「じいちゃんなら、なんて言ってくれる？」という想像から「じいちゃんならどの道を選ぶか？」という想像に変えると僕の中で答えは出た。

予定どおりにオープンをする。それがどんな結果になろうとも。

決断したのには、もうひとつ理由があった。

普通の飲食店はその場で食事をする。しかし、運良くフルーツサンドはテイクアウトのお店だったことも、オープンに踏み切る大きな理由になった。

僕たちはどうすればスタッフ、お客さんと、ともに安心安全に営業を進めることができるのかを考え、できる限り万全の体制を整えた。

こうしてじいちゃんの死から約1カ月が経った2020年3月30日。

目黒川沿いの桜が咲くころ、僕たちの夢と希望と不安を乗せた東京進出第一号店、フルーツサンド初のテイクアウト店である『ダイワ中目黒店』がスタートしたのだった。

31 人の歩いていない静かな街の中で

嘆いてばかりじゃ道は開けない

「フルーツサンドを東京の人たちに届けよう」

こうした僕たちの思いとは反対に、店を開けてもお客さんが一人も来てくれない、という日が何日も続いた。

「じいちゃん、東京進出は僕たちには、まだ早かったんだろうか」

ふいに弱気になる僕の背中を押してくれるじいちゃんは、もういない。

東京出店で一番がんばってくれていた弟のそうすけとも、気がつけばケンカばかりの毎日になっていた。

「にいちゃん、今日もフルーツサンド売れ残ってるよ。これどうしたらいいんだよ」

「どうするって、売らなきゃだろ」

「売るったってお客さん来ないし、外も人が歩いてないんだよ。こんな最悪な時期にスタートさせたにいちゃんの責任だろ、どうにかしてくれよ」

「……」

正直、どうすることが正しいのかなんてわからなかった。

しかし、僕たちにはもう「何としてでもやる」という選択肢しかなかった。

嘆いてばかりじゃ道は開けない。僕たちにやれることはまだまだある。僕は自分にそう言い聞かせた。

路上のティッシュ配りより悲惨な手配り

希望の光がまったく見えないまま、東京のスタッフたちと毎日夜遅くまでのミーティングがはじまった。

「近所の人への挨拶もふくめてフルーツサンドを配るのはどうだろう」

「あまったフルーツサンドは中目黒の駅前で配ろうよ」

僕たちは思いつく、あらゆることをすることにした。

岡崎では繁盛店だったとしても、ダイワの東京での知名度は低いものだった。

まずは東京の人たちにダイワのフルーツサンドを知ってもらうことからはじめよう。

僕はポツリポツリと行き交うお客さんに向けて、思いを込めて手紙を書いた。

まずはその手紙を添えて、中目黒の駅前を行き交う人たちにフルーツサンドを配ることにしたのだ。

しかし、世の中の人たちは新型コロナウイルスをおそれ、僕たちが手渡しで渡すものをなかなか受け取ってはくれなかった。

受け取ってくれた人でさえ、足早に目の前から過ぎ去り、話しかける時間さえももらうことができなかった。

僕たちの東京進出のスタートは、思い描いていたものとは遠くかけ離れたものとなってしまった。

32　大ブレイクはお客さんが連れてくる　東京編

美味すぎて泣いてる

お店にお客さんが来てくれない日々は相変わらず続いていた。

しかし、スタッフの士気を下げたくなかった僕は、フルーツサンドの製造だけは毎日欠かさずにするように指示をしていた。

オープンして約1カ月。

ゴールデンウィークを目前に控えたそのころ、あまったフルーツサンドを駅前で配るということが、僕たちの日課となりつつあった。

「社長！　大変なことが起きてます‼」

ある日、スタッフが店の中でひとり大騒ぎし、僕のところに駆け寄ってきた。

「今度はどんな悪いことだろう」僕はおそるおそる聞いた。

「どうしたの？　何があった？」

「フルーツサンドの投稿がTwitterでめちゃくちゃ話題になってます！」

どうやら中目黒駅で配ったフルーツサンドを手に取ってくれた人の投稿が、注目されたということらしい。

その投稿には、フルーツサンドの写真に加えて、こう書いてくれていた。

「美味すぎて泣いてる」

Twitter名は「ぺ」さん。

彼のフォロワー数は19人。

このツイートにとんでもない奇跡が起きる。

彼の投稿を見た人が、リツイートで拡散をしてくれたことがきっかけで、フルーツサンドの写真がTwitter上で一気に広がりはじめたのだ。
奇想天外な拡散がされ、それ以降ダイワのアカウントのフォロワー数も「スマホが壊れたんですか？」と聞きたくなるくらい、毎時間１００人単位で増えていくのだった。

何よりびっくりしたことは、「Twitterのリツイートランキング」で「ぺ」さんの投稿が７日間連続で日本一になってしまったことだった。

かき氷をはじめたときも、話題になったきっかけはお客さんのSNSだったが、今回もお客さんの投稿で火が吹いた。

まさに「地獄に仏」とはまさにこのことだろう。

それまでの逆風は、この投稿をきっかけに追い風となってくれた。

「フルーツサンドって個別包装だし衛生面でも安心だよね」
「緊急事態宣言中だけどテイクアウトは問題ないでしょ」
「こんなフルーツサンドはじめて見た！」

「まじ、美味しいんですけど」

こんなうれしいコメントが並びはじめたのだ。

こうして東京でのフルーツサンドは、またたく間にTwitterで注目を浴びはじめた。

中目黒店にも連日、お客さんが来てくれるようになった。

SNSを見てお店に買いに来てくれたお客さんが、また写真を撮ってSNSで拡散をしてくれるという連鎖が生まれ、ついには中目黒店でも大行列ができるようになっていった。

一難去ってまた一難。それが去ったらテレビ局

連日続く大行列は、中目黒の駅前まで続き、距離にして200メートルにもおよんだ。見たこともない、思いもよらないほどの大行列。しかし、やはりいいことばかりは続かない。

今度はまわりのショップの方や住民からのクレームが寄せられるようになってきたのだった。警察に通報され、何度も警察官が取り締まりに来るようになった。

「ご迷惑をおかけして本当にすみません！」

僕たちは毎日頭を下げながら、まわりのショップの方や住民の方々に謝罪をしてまわった。

人生山あり谷あり。楽あれば苦あり、苦あれば楽あり。

いいことばかりは続かないが、逆に悪いことばかりも続かない。

そんな大行列は、うわさを呼び、東京のテレビでも注目をしてもらえるようになった。いままでテレビの中でしか見たことがなかった有名人も、お忍びでフルーツサンドを買いに来てくれるようになったのだ。

いいことと悪いことが日ごとにやってくるジェットコースターのような日々だったが、なんとかかんとかフルーツサンドの存在は知られるようになっていった。

じいちゃんにこの景色を見せてあげたかったな。ふとした瞬間にいつも頭に浮かぶのは、じいちゃんの笑顔だった。

「このフルーツサンドをたくさんの人に届けておいで」

その言葉がいまも僕には聞こえるような気がする。

33 じいちゃんと重なったキウイおじいさん

キウイを助けてください

２０２１年には、岡崎でのダカフェも、東京でのテイクアウト店も、恵比寿のダカフェも大行列が続き、テレビでもたくさん取り上げられるようになった。

このころ、はたから見れば、もしかすると僕は何でも順調そうに見えていたのかもしれない。しかし、誰にも相談できない仕事の状況も重なり、そのせいで失敗もいままで以上に多くなっていた。

「じいちゃんに相談したい、じいちゃんが生きていれば」いつもそんなことばかり考えていた。

そんなとき、僕に友達から1通のメッセージが届いた。

「ねぇ、こうき、こんな人を見つけたんだけど。なんとかしてあげられないかな?」

そのメッセージには、まったく知らない人のSNSの投稿も一緒に添付されていた。

その内容を読んで、僕は衝撃を受けた。

86歳のぼくのおじいちゃんが石川県能登で無農薬キウイを作っています。

だけど、2トンものキウイを破棄しなくてはいけなくなってしまいました。

誰か助けてください。

という内容だった。

自分ひとりじゃどうにも解決できないから、誰かに力を貸してほしい。この人は、いまの自分の境遇と似ているな、と思った。

友達からこの連絡を受けて、僕はすぐにその投稿の主で、キウイ農家のおじいさんのお孫さんである、じゅんぺいさんにメッセージを送った。

そして2時間後、同じ愛知県に住んでいたじゅんぺいさんに急きょ会うことになった。

「はじめまして、大山です。すぐに一緒に石川県へ行きましょう」

5日後、僕はじゅんぺいさんとダイワのスタッフをトラックに乗せて、石川県能登へと向かい、キウイ農家をしている86歳になるおじいさんにはじめてお会いした。

こんなにも老いた身体で、生産から収穫まで全部ひとりでやっているなんて。

僕にはそれが信じられなかった。

キウイの栽培というのは、常に中腰での作業となる。当然腰は痛くなるし、手間はかかる。

その大変さを想像することは、そうむずかしいことではなかった。

おじいさんのキウイ、僕に全部売ってください

僕たちはおじいさんから、キウイ農家をするようになるまでの話を聞かせてもらった。

約40年前のある日、友人が抱えた借金の手助けをするため、おじいさんは山を買い、キウイ農家をはじめたということだった。

しかし、現実は甘くはなかった。毎日、我が子のように手をかけて育てた大切なキウイは、生産者が年寄りだというのをいいことに、正当な値段での取引がされなかったのだ。

僕はそのとき、生産者に利益が還元されないしくみがあることを知った。

おじいさんが腰を痛めながら、大切に育てたキウイが、その年、2トンも捨てられることになるなんて。そのしくみをなんとか変えたい、僕は胸が熱くなった。

まったく方法はわからなかったが、ただ単純に、「なんとかしなければ」と思った。

そしておじいさんが作ったすべてのキウイを、その場で買うことに決めた。

「大山さん、今日は遠くから来てくれてありがとう。キウイを買ってくれたことはもちろんうれしいんだけど、大切に育てたキウイを美味しいと言って食べてくれたこと、そして君みたいな熱心な八百屋がいてくれることが、何よりもうれしかったよ」

そう言って、笑ってくれていた。

そんなおじいさんの隣で、涙をこらえるじゅんぺいさんの顔を見たとき、僕はとてもあたたかい気持ちになり、同時におじいさんとじゅんぺいさんの関係がうらやましく思えた。

情けは人のためならず

そのとき、正直僕も、誰かのチカラを借りたいと思っていたところだった。

しかし、そんなときじいちゃんの言葉が頭をよぎった。

「こうき、〝情けは人のためならず〟っていう言葉を知ってるか？」

「情けをかけると人のためにならないって意味の言葉でしょ」

「違う。人に与えたものは必ず自分に返ってくる。だから誰かのためにすることは、結局は人ではなく自分のためなんだ。だから自分が困った人を見たときこそ役に立ちなさい」

じいちゃんはよくそう言っていた。

普通の理論で言えば、「まずは自分を幸せにしてからまわりを助けなさい」というのが、いま世の中で言われていることだ。

しかし、じいちゃんの教えはいつも人が先だった。

じいちゃんの言ったとおり、本当に大切なことや、素敵な話をキウイのおじいさんからしてもらって、僕自身が助けられたし、たくさん学ばせてもらえた。

それと同時に、それまでの悩みが小さくなっていくのを感じた。

このことで、結局一番得をしたのは僕だった気がする。

「困っている人がいたら助けなさい。そこに理由はいらない」

その言葉どおり、じいちゃんが生きていても、きっと僕と同じようにキウイを全部買っていただろうなと思う。

34 2トンのキウイ、どうするこうき

知ってもらうことからはじめよう

じゅんぺいさんの話を聞き、車で岡崎を出発する前から、ある程度の数を買い取ると僕は決めていた。我ながら、まさか2トン全部を買い取ることになるとまでは思っていなかったが……。

ところで、このキウイをどうやって売ろうか？

まさかスーパーで2トンすべてを売ることなんて、どう考えても不可能だ。

車で売り歩くのも数的に限界がある。

こんなとき、いつも僕たちの味方になってくれた存在を頼りにしようと思った。

それはSNSでつながった人たち。

この人たちにも協力してもらおう、僕はそう考えていた。

せっかくなら、はじめからその様子をつながっているみなさんに知ってもらうことにしよう。

ということで、岡崎の出発前からライブ配信をはじめた。

石川県までの道中、そしておじいちゃんとの会話もすべて流し続けた。

2トントラックにキウイを積み込んで岡崎に戻る道中も続けた。

「みなさん、力を貸してください」と呼びかけ続けた。

販売は数日後からはじめることにした。

なぜかというと、売り方をまったく考えていなかったから時間がほしかったのだ。

翌日、市場の人たちに事情を話して協力してもらうことになったのだが「大山君、大丈夫？　この数どうやって売るの？」と、2トンのキウイの量を心配された。

そしてオンライン販売開始。

ドキドキだった。

「おはよーございます！」

僕はいつものように、いや、いつも以上に元気をプラスしながら配信をはじめた。

つながりの力

「売れなかったらどうしよう」

そんな不安を隠しながらの販売スタート。

注文は僕のＳＮＳのダイレクトメッセージに送ってもらうようにした。

すると、そこにたくさんのコメントがつきはじめた。

一番はじめに注文をくれたのは、千葉のケーキ屋さんだった。

「一連の流れを見ていて感動しました。少しでもお力になりたいので20キロ売ってください」

このメッセージに思わず目頭が熱くなったが、僕はグッとこらえて配信を続けた。

もちろんそのケーキ屋さんからの注文は、明るく元気に紹介をさせてもらった。

そしてこのメッセージを皮切りに、怒涛のメッセージラッシュがはじまった。

「北海道に送ってください。友達に配ります」

「石川県で居酒屋を経営しています。キウイを使ったドリンクや商品を出しますので100キロください」

「長崎でスーパーを経営している者です。200キロよろしくお願いします」

この配信時間に合わせてダイワスーパーの青果コーナー、そして各店舗でも一斉にキウイを使った商品の販売を開始した。

店舗にはライブ配信を見てくれていたお客さんが殺到し、SNSで「おじいさんのキウイを買おう」という拡散が起きた。

こうして2トンのキウイは1カ月もしないうちに完売した。

そのときあらためて、商人として学んだことがある。

それはお客さんは商品だけでなく、その背景にある物語に共感したとき、はじめ

て商品を買ってくれる。そして、そのつながりこそ僕たちが一番大切にすべきものである、ということだった。

35 純粋な思いは必ず奇跡を起こす

無農薬だからこそ生まれたキウイ飴

そんな出会いから1年が経ち、キウイの収穫の時期が近づいてきた2022年の秋が深まるころ、キウイ農家のおじいさんが、僕に手紙を送ってくれていた。

そこには、

大山くん、今年もキウイをよろしくね。
1年ぶりに会えるのを楽しみにしているよ。

と書いてあった。

その年は、おじいさんと約束をして、収穫からお手伝いをさせてもらうことになっていた。

もうすぐおじいさんに会える。僕はその日を待ちわびていた。

おじいさんから手紙をもらって1週間が経ち、孫のじゅんぺいさんからひさしぶりに連絡をもらった。

そこで僕は、おじいさんが亡くなったことを聞かされた。

亡くなる最期の瞬間まで、おじいさんはキウイの手入れをしていたそうだ。

その姿が、天国に行く当日まで朝市場に通い続けた僕のじいちゃんと重なった。

もちろん、どうなろうとキウイの収穫からやるつもりだったが、今年は去年とは違い、農園に実るすべてのキウイを買い取るつもりだった。その数、重さにして3・5トン。

僕は何がなんでも、おじいさんの努力を無駄にはしないと誓った。

その年もおじいさんの育てたキウイをすべて仕入れさせてもらった。

知恵を出せば新しい扉は開く

僕は前年と同じようにライブ配信をした。

ある程度想定はしていたが、2年目は最初の年ほど注文が入らなかった。

当然、キウイはあまる。

さて、どうしたものかとみんなで考えた。

まず1つ目に決めたこと。それは、そのキウイをドライフルーツにして、クラウドファンディングで販売をするということだった。

おかげさまでたくさんの注文をいただき、かなりの数のキウイが売れた。しかし、3・5トンという量は、それでさばき切れるものではなかった。

そんなとき、有名なアパレルチェーンで部門別日本一を取り、僕のSNSを見てダイワに入社してくれた新入社員君から一本の電話がかかってきた。

さすがは日本一を取っただけのことはある。彼は新入社員ながら、いつもいろんな商品を思いつくたびに僕に提案してくれる子だった。当然僕は彼に注目していた。

「社長、飴にできるものはないですか？　りんご飴だけじゃなく、他の商品も提案したいんですが」

「ありがとう。ただうちの幹部たちはキウイをどうするかで、いま頭がいっぱいだから、もう少し時間をくれよ」

「あの、それで提案なんですが、キウイ飴ってどうですか？　りんご飴ができるならキウイ飴もできると思うのですが」

即座に僕は答えた。

「キウイってね、皮をむいた時点で水分が出てきてしまうから飴にするのはむずかしいかな。でもいつも提案ありがとうね」

そう言ってその日は電話を切った。

キウイの皮って食べられるんですか？

翌日、ダカフェの本店で何やらスタッフたちが盛り上がっていた。

「どうしたんだろう？」と思っていると、その新入社員君が満面の笑顔で僕のところに駆け寄ってきた。

そして僕の目の前に、棒に刺さった謎の物体を出した。

「何これ？」

「キウイ飴です。勝手に作りました」

キウイがりんご飴のようにコーティングされている。

しかし、それは見るからに不気味だった。

そもそも毛だらけの皮に包まれたままのキウイを丸ごと食べるなんて聞いたことがない。

彼は言った。

「このキウイって無農薬、無肥料ですよね。だから皮も食べられると思ってそのまま飴にしちゃいました」

「あははは。発想はおもしろいね」

「社長、まず一口食べてみてください」

おそるおそる僕はそのキウイ飴を食べてみた。

……うまい。

……衝撃的にうまい。

僕は思わず声をあげてしまった。

これはいける。絶対いける。そう確信した。

その場で僕は商品化を決めた。

新商品はタイトルが命だ。せっかくなら単なるキウイ飴じゃおもしろくない。

ということで、見たまんまの名前をつけた。

タイトルは**「無農薬毛だらけキウイ飴」**にした。

そしてもうひとつ、昔駄菓子屋にあったきなこ棒の要領で、当たりをつけることにしようということになった。

割り箸をハンダゴテで焼いて、それが出たらもう一本プレゼント。

こうして「無農薬毛だらけキウイ飴」の販売がはじまった。

この販売で一番たくさんいただいた質問。

それは「キウイって皮ごと食べることってできるんですか?」というもの。

しかし、お客さんの反応は最初に食べたときの僕と同じだった。食べると感動してくれ、リピーターがついた。そして2022年もキウイは完売した。

プロになってしまうがゆえに見えなくなってしまうもの

フルーツを生業にして約5年。フルーツに囲まれて生きていくうちに、僕は自然とその分野のプロになった。

しかしそれゆえに生まれてしまう固定観念に囚われていた。

キウイに関しては「皮をむいて食べるもの」という思い込みで、見えなくなっていた盲点を、素人の新入社員君が照らしてくれたのだ。

彼はいま、新しい店舗で店長としてがんばってくれている。

そしてこの一連の物語。

もちろん直接的な殊勲賞はその新入社員君だ。しかし、この商品が生まれることになった一番のＭＶＰはじゅんぺいさんのおじいさんだ。おじいさんが完全無農薬、無肥料にこだわったからこそできたことなのだから。

そう考えたとき、まさにこの商品はじゅんぺいさんのおじいさんの純粋な思いが生んだ奇跡以外の何物でもなかった。

天国から、おじいさんも見守ってくれているのだろうか。無農薬キウイ飴は、ダイワの大人気季節商品となった。

その後、石川県のキウイ農園は、おじいさんの遺志を継いで、孫のじゅんぺいさんが継承することになった。

ここからも僕たちはじゅんぺいさんが作り続ける限り、キウイを売り続けていく。
おじいさんの思いをのせて。

第6章

日本一の人たちが
僕に教えてくれたこと

36 日本一の家具屋さん

僕、100億円企業を作れますか？

2020年12月24日のクリスマスイブ。家出していた僕が実家に戻り、じいちゃんを助けるためにダイワに入ることを決めてからちょうど3年。

この日、僕は『カンブリア宮殿』という番組に出演させてもらえることになった。その日の企画は、大企業の実業家に若手経営者が質問をするというコーナーだった。

しかもその質問相手は「お、ねだん以上。ニトリ」の創業者で有名な似鳥昭雄会長。

収録の日に、どうしても僕の予定が合わなかったため、テレビ局の人たちが岡崎まで収録に来てくれてダイワを紹介し、最後に僕が質問をするという流れだった。

２０２0年末。そのころ、岡崎市のダイワスーパー、数店舗に増えた岡崎のダカフェ、ダイワ中目黒、恵比寿のダカフェ、そしてフルーツサンド催事部隊の誕生により、会社の年商は10億円を超えた。出店のための借金はあったものの、経営は超黒字経営になり、納税額も大きくなっていった。

業績が右肩上がりに伸びていた僕に、次の目標ができた。

それは会社を年商１００億円にする、ということ。

その１００億円には根拠も何もない。ただそれがかっこいいからという単純な理由だった。

そのころのダイワはフルーツサンドだけではなく、各店舗ごとにオリジナルのメニューを作り、提供するというスタイルだった。そうしたのは「すべての店で同じことをしたらおもしろくないから」という理由からだった。

そうした僕たちの取り組みが紹介されたあと、いよいよ質問。それは「どうすれば3年以内に100億円企業になれますか？」というシンプルなものだった。

カンブリア宮殿

似鳥会長は、収録場所に届けたフルーツサンドを「美味しい。これはまた食べたくなるね」と言ってくれた。

「よし、いい感じだ」。これならいい答えをもらえるはず。僕はテレビの前で似鳥会長からの回答をワクワクしながら待っていた。

そしていよいよ回答がはじまった。しかし、似鳥会長から出た答えは、僕が想像していたものとはまったく逆のものだった。

「いまのやり方では、3年以内に100億円までたどり着くのは絶対に無理でしょう」

僕はテレビの前で凍った。似鳥会長は言った。

「100億円に到達するには、マニュアル、人材育成などたくさんのものが必要になります。しかし、この若者は各店舗で別々のことをやっている。そうなると、各店ごとのレシピ、マニュアルが必要になります。そうではなく、フルーツサンド一本に絞って展開するなら可能性はあります。なぜならマニュアルも人材育成の手法も1つでいいからです。そうすれば可能性はあるでしょう」

日本一の回答は厳しいものだった。

『カンブリア宮殿』の影響力で、翌日からダイワ各店舗の売り上げは爆発的に伸びた。しかし、僕の心は浮かないままだった。

「このままじゃ100億円は絶対に無理」

その言葉が深く心に刺さっていた。

若者よ、いつでも相談に来てください

もちろんそれは似鳥会長が悪いのではない。『カンブリア宮殿』の編集も、かなりダイワを好意的に、そして魅力的に紹介してくれていた。

しかし、そんなことで騙せるほど日本一の目は伊達じゃない。

現場を見たわけでもないのに、似鳥会長から僕たちの弱点を一発で見抜かれてしまった。

いま振り返ると、似鳥会長の言われたことはもっともなことだ。

現にその時点で、たくさんの商品を各店ごとに作っていたため、現場は混乱し、商品の質が落ちていた。

似鳥会長は番組の最後に言った。

「この若者にお伝えします。必要ならいくらでも無料でアドバイスしますので、いつでも僕のところに来てください」

ふだんの僕ならすぐにニトリの本社に電話をしてアポを取ったと思う。

しかし、このときは日本の頂点にいる似鳥会長のもとに行く自信がなかった。

勇気を出して会いに行ったときに「そもそもなんで100億円にしたいの？」と聞かれたとしても、自分の中にまったく答えがなかったからだ。

こうして僕の浅はかな未来計画は、木っ端微塵に打ち砕かれてしまったのだった。

37 「お、ねだん以上。」はこうして生まれる

日本のトップに君臨する人たち

この放送から約2カ月が過ぎた2021年の2月。ダイワに一本の電話がかかった。その電話はまさかの似鳥会長の秘書の方からだった。

実はこの出会いをコーディネートしてくれた人がいた。

日本発のトップブランドで「サマンサタバサ」という会社がある。その創業者である寺田和正さんと似鳥会長は、兄弟のように仲が良い関係だ。

年末に寺田さんが『カンブリア宮殿』を見てくれたことをきっかけに、僕に興味を示してくれたらしく、

「似鳥の兄貴、こないだカンブリア宮殿に出てたあのフルーツサンド小僧、おもしろそうなので一回会ってみましょうよ」

と打診してくれたということだった。

そのご縁で、僕は似鳥会長、寺田さんと食事をさせてもらえるようになり、とても可愛がってくださるようになった。

2022年6月、僕は北海道にある似鳥会長の施設、「ニトリ観光果樹園」に、旅行に連れて行ってもらった。

そのとき「これが日本一になる人の姿勢なのか」と再確認させてもらったできごとがあった。

その日、似鳥会長、寺田さん、そして似鳥会長の奥さんである百百代さんと僕は、果樹園のさくらんぼの木の下でバーベキューを楽しんでいた。

僕は超一流の人たちの考え方についていろいろ聞きたかったのだが、その日の会話のほとんどが、北海道の素晴らしさや、趣味のゴルフ、お酒などごく一般的な話題だった。

余談だが、似鳥会長も寺田さんもめちゃくちゃお酒が強い。そのペースに合わせて飲んでいると、僕はフラフラになってしまった。

おいしい肉を食べ、お酒を飲み、みんな愉快になっていたとき、食事の締めとしておにぎりが出てきた。

その時点で似鳥会長もフラフラだったのだが、そのおにぎりを食べた瞬間、突然目の色が変わった。

「どうしたんだろう？　このおにぎりおいしいけどな」

そう思っている僕の横で、スタッフに調理の担当者を呼ぶように言った。

似鳥会長は担当者に言った。

「このおにぎりを30グラム減らしなさい。いいかい、30グラムだよ。きっちりそうしてくれ」

そう言って、メモに「おにぎりを30グラム減らす　似鳥」と書いて手渡した。

「さっきまでお酒を飲んでフラフラだったのは誰ですか？」そうたずねたくなるくらいの変化だった。

24時間、経営のことを考える

戦国武将の織田信長は、舞を舞っているときも、お酒を飲んでいるときも、常に隣国との戦のことをずっと考えていたという。

天下のパナソニックをつくった松下幸之助さんも、

「経営者は、その人から経営を取りあげたらゼロになる、それくらいの覚悟を持った人間じゃないと大成できない」

よくそう言っていたと、ある本で読んだことがある。そのまんまの経営者の在り方を目の前で見た気がした。

似鳥会長の頭の中はお酒を飲んでいるときも、ゴルフをしているときも、すべてニトリの経営のことでいっぱいなのだ。

現に、ニトリに行くと、「なんでこんな商品を思いつくんだろう？」というものがたくさん並んでいる。そのとき一緒にいた奥さんの百百代さんから聞いたことなのだが、そうしたニトリの商品の大部分は似鳥会長の発想から生まれているという。しかもその発想は机の上で考えて出すものではなく、日常、何かをやっているときの不便さなどから思いつくのだそうだ。

「大山くん、僕は常に探しているものがあるんだよ」

「どんなものなんですか？」

「それはお客さんの不便さと不満」

「不便さと不満ですか？」

「そう、その2つが僕の経営の源泉なんだよ。それを解消するためにはどうすればいい？　そう常に自分に問いかけ続けると、必ずその解決方法が見えてくる。あと

はそれを解決できるものを商品にするだけなんだよ」

なるほど。深い。

そのおにぎりでスイッチが入ったのだろうか、似鳥会長は、そこから、「どんな目線で商品を作るのか」「いかにそのヒントを見つけるのか」ということについて、たくさん語ってくれた。

一見、プライベートの楽しい場でも絶対に経営のことを忘れない似鳥会長。

かたや、まったく忘れてフラフラになってしまった僕。

まだまだ日本一ははるか遠いことを思い知らされた。

そのとき、すでに飲み過ぎてフラフラになっていた自分自身を後悔するくらい、似鳥会長の口から飛び出してくるのは、目から鱗の経営哲学ばかりだった。

間違い電話からはじまった怒涛の出会い

こういうと失礼かもしれないが、似鳥会長は天才経営者であると同時に、人としてはとても天然でお茶目なところがある。そのギャップは僕にとって、似鳥会長の大きな魅力のひとつだ。

たとえば似鳥会長からは、月に一度くらいのペースで、間違い電話がかかってくる。その日も、同じように間違い電話がかかってきたのだった。

「似鳥会長、お電話いただきましたでしょうか？」

「おお、大山くん、ごめんね、ごめんね。また間違えて電話をしてしまったようなんだよ」

「もう、似鳥会長、やめてくださいよ。僕、似鳥会長からの着信を見ると、とんでもなくワクワクしてしまって、ごはん連れて行ってくれるのかなとか期待してしまうじゃないですか」

「ごめんね、ごめんね。大山さん、明日の夜は東京かい？　お詫びに予定が空いていれば、ごはん一緒にどうかな？　ごちそうさせてもらうよ」

「え、本当ですか！　ありがとうございます！　空いてます。楽しみにしてます！」

そしてこの翌日、この言葉をきっかけに、これまでの10年の思いがパズルのようにはまっていくような不思議なことが次々と起こっていくことを、この時点で僕はまったく知るよしもなかった。

38 斎藤一人の道は開ける

日本一はどこにいる？

２０１３年。いまからまるっと10年前、19歳のころ、僕は人生のどん底にいた。

そのころ、僕は母親とのケンカが原因で実家を飛び出し、そのまま家族と絶縁状態となっていた。

じいちゃん、ばあちゃんはとても心配したらしいが、引っ込みがつかなくなっていた僕は、二人からの電話もスルーしていた。

お金もなく、頼れる人もない。結果、僕が幼いころに離婚した父親のもとでたこ焼き屋を手伝うことになった。そのまま、大学も退学をした。

特にやる気があったわけでも、たこ焼き屋になりたかったわけでもない。すべてにふてくされていた僕は、たこ焼きを焼きながら、社会人ってこんなにつまらないんだ、仕事ってこんなにつまらないんだ、そんな日々を過ごしていた。

このままのつまらない人生はいやだ。ある日ふとそう思った。なんとか人生を変えたくて、成功者の考え方を学ぼうと思った。

「こうき、どうせやるなら日本一になれ」

暗闇の中、じいちゃんのその言葉が頭をよぎった。

何で日本一を目指すかはわからないけど、とりあえず日本一を知ることからはじめよう。そんなことを思いながら、とりあえずネットで成功者を調べてみると、世の中にはいろんな日本一がいることを僕は知った。

その中でも特に、

「納税日本一の斎藤一人さん」

という名前が気になった。

斎藤一人さんは本をたくさん出していた。これなら日本一の考え方に触れることができる。そう考えた僕は、その人の本を買うために本屋へと走った。

そこで僕がなんとなく手に取った本、それは『斎藤一人の道は開ける』という本だった。

ここから先の道がまったく見えない僕にとって、そのタイトルは他のどんな本より魅力的に思えた。

燕雀《えんじゃく》いずくんぞ、鴻鵠《こうこく》の志を知らんや

日本一である斎藤一人さんの考え方を学びたくてその本を買い、読み進めていくうちに、その本が実は「斎藤一人さん」が書いた本ではなく「永松茂久さん」という人が書いた本だということがわかった。

本の表紙に「斎藤一人」と大きく書いていたので、うっかり勘違いをして買ってしまったのだった。

その本の中の永松茂久さんは、26歳のときにたこ焼き屋の行商から商売をスタートし、飲食店を経営している経営者だった。その若手経営者が斎藤一人さんに教えを学ぶというストーリー調の本になっていた。

たこ焼き屋で働いているいまの自分の境遇と重なって、僕は最後まで読むことにした。

日本一の成功者の考え方を学べば、僕も日本一の成功者になれる。そう信じてその本を読み進めると、僕は拍子抜けした。

・笑顔で人と接しよう
・うなずいて人の話を聞こう
・いい言葉を使おう

そんな簡単なことが大切だということしか書いていなかった。

中国のことわざに「燕雀いずくんぞ、鴻鵠の志を知らんや」という一節がある。

これは簡単に言うと「大空を羽ばたく大鳥の目指しているものは、低空を飛ぶ小さな鳥には理解できない」という意味の言葉だ。

当時、起業したばかりで先が見えなかった永松さんにも、一人さんの言う言葉の深さは最初まったく理解ができなかったと書いてあったが、その永松さんに年齢も立場もはるかにかなわない僕にとって、日本一の言葉の深さなどわかるはずもない。

「こんなことで人生うまくいくわけないよ」

と、本を読みながら、僕は半ばヤケクソになりそうになった。

この言葉の深さをゆっくりと感じるようになったのは、実際に自分が経営をはじめてからだったように思う。

いくら反発しようが、いくらヤケクソになろうが他にアテはない。

そう、当時の僕には他に掴まるためのワラがなかった。

そして実際、この教えをもとに、著者である永松茂久さんは大きく成功している。

当時、お金もない、頼るものもない僕にとって、この簡単な教えはすぐにでもできることだったということもあり、まずはやってみることにした。

39 憧れのシャンクスとの出会い

勝手にルフィ

調べてみると、「道は開ける」のマンツーマンレッスンが行われたのは２００５年。その本が形となり出版されたのは２０１０年。

そして僕がその本を手にした２０１３年時点、永松さんはすでに数冊の本を出していた。この本『斎藤一人の道は開ける』をきっかけに、永松さんが書いた他の本も読むようになった。

僕の人生は斎藤一人さん、永松茂久さんの本のおかげで、道が開けたと言っても過言ではない。いつか、永松さんに直接会ってお礼が言いたい。それが僕の夢のひとつになっていた。

実は、永松さんに会おうと思えば、会えるチャンスはあった。

ホームページやSNSを見ると、永松さんは大分と福岡で「陽なた家」という飲食店を数店舗経営し、そのかたわらで本を書きながら日本全国を講演して回っていた。

ということは、講演に行けば会うことはできるし、陽なた家に行けば、ひょっとしたら永松さんと会えるかもしれない。

しかし、その時点で会ってもおそらく相手にはしてくれないだろうし、たとえ話ができたとしても、単なるファンで終わってしまう。

何もない自分ではあったが、せっかく会いに行くなら、自分が何か1つでも誇れるものを持っていきたい。そう思ったから会いに行くのをやめたのだ。

そんなとき、たまたま永松さんのファンと出会う機会があった。

その話の中で、永松さんはスタッフをはじめとする多くの若者たちから「茂兄」と呼ばれ、多くの人たちの兄貴的存在になっているということを知った。

ということで、まだ会えてはいなかったが、僕は勝手に「茂兄」と呼ぶことからはじめた。

ちなみに僕は『ワンピース』というマンガが好きだ。影響されやすいたちなので、主人公のルフィに自分自身を重ねることがよくある。

その『ワンピース』はルフィがシャンクスという海賊と出会い、「こんな男になりたい」と憧れることから物語がはじまる。主人公の憧れであるシャンクスは、海賊王と呼ばれたゴール・D・ロジャーに育てられて大きな海賊になった。

ということで、僕は勝手にルフィ役。

ロジャーが斎藤一人さん。

そして茂兄は僕にとってのシャンクスとなった。

それから9年が経ち、ある日、奇跡的に知人の紹介で一度だけ茂兄に会う機会が訪れた。

ふだんどんな有名人に会っても、ほとんど動じることがない太々しさを持っている僕ではあるが、目の前に現れた茂兄は別格だった。

10年間会いたかった茂兄を前にして、僕は思わず「永松さん」と呼んでいた。

そんな僕の緊張をほぐそうと、茂兄はずっと笑顔で僕の話を聞いてくれた。そして、いろんな質問をしてくれたのだが、正直まったく話すことができなかった。

もう二度目はないだろう。なんとなくその空気を感じていた。

結果、その場では縁はつながらずに終わってしまった。

敏腕マネージャーのもくろみ

それからしばらく経ち、先ほど書いた、似鳥会長の間違い電話から、夜お食事をご一緒させてもらうことになった当日がきた。

僕は東京での仕事へ向かう新幹線の中から、SNSで「いまから東京行きます」と投稿をした。似鳥会長と会う、それ以外の予定がなかったため、「誰かと会えればいいいな」というメッセージを込めていた。

すると、その投稿を見てくれた人から一本のメッセージが来た。

その人の名前は池田美智子さん。

なんとその人は永松茂久さん、茂兄のマネージャーだった。

「大山さん、はじめまして。永松茂久のマネージャーをしています池田美智子といいます。SNSを見ました。いまから東京に来られるんですよね。品川駅に着いたらお迎えに行くので連絡ください」

何の脈絡もない突然のメッセージに僕はびっくりした。

何か怒られるんじゃないかと不安になりながらも、やりとりをすると、本当に美智子さんは品川駅まで、僕を車で迎えにきてくれていたのだった。

よくよく聞くと、美智子さんが僕を迎えにきてくれたことを、その時点で茂兄はまったく知らないということだった。

美智子さんは、ＳＮＳでずっとダイワの投稿を見てくれていた。

そして僕が東京に行く数日前、たまたま茂兄から、

「そういえば数カ月前におもしろそうなフルーツサンド小僧に会った」

という話を聞いて、

「いつか必ずつながろう。そしてどうせならこの二人をつないじゃおう」

と勝手に決めていたらしいのだ。

そのタイミングで僕の「東京に行く」という投稿を見て、そのまま連絡をくれたのだった。

「やっと大山さんに会えました。やっぱり持つべきものは茂兄ですね」

と美智子さんは車の中で明るく笑っていた。

何がなんだかよくわからないまま車は恵比寿のダカフェに到着。

美智子さんと僕はたわいもない話をし、そしてそのまま別れた。

そして数時間後、この美智子さんの計画はとんでもない方向へと進んでいくことになる。

ニトリさんのこだわり

そのまま仕事を終え、夜は約束どおり似鳥会長との会食を楽しんでいた。

「大山くん、今日はどこに泊まるんだい？」

「今日はまだホテルを取っていなくて。ごはんが終わったら探します」

「じゃあ、部屋を準備してあげるよ。泊まっていったらいい」

会食をしていたその料亭は似鳥会長が買い取ったもので、似鳥会長自身がオーナーだった。

そこは別室で宿泊できるようになっているらしく、似鳥会長はその部屋を準備すると言ってくれたのだった。

その宿は、厳重な警備が敷かれていて、22時以降は誰も入れないし、外に出ることもできない。そんなルールを聞きながらごはんを楽しんでいると、そこの女将さんが似鳥会長の元まで走ってきて、何やら焦っている様子だった。

「似鳥会長、すみません！　今日は宿泊予定がなかったので、シーツを全部クリーニングに出しちゃいました。ニトリは閉まってる時間なので、急いでこの時間やってるお店を探してシーツを買ってきます！」

「それはいかん！　寝具はニトリのものじゃなきゃダメに決まってるだろう！」

似鳥会長は、ものすごい剣幕でその女将さんに言い返したのだった。

「大山さんごめんね。今日はシーツがないから泊まることができそうもない。またの機会にしてもらってもいいかな」

「そんなそんな、こちらこそすみません！　お気遣いありがとうございます」

残念ながら、こうして似鳥会長との会食は終わったのだった。

22時には警備が敷かれるからと、僕は21時過ぎにはその場所を後にした。

その直後、またもや昼間迎えにきてくれた美智子さんから連絡が入った。

「大山さん、遅い時間にすみません。ちょっとご相談があるので、いまから会えませんか？」

僕は指定された場所に向かった。

すると、そこには茂兄がいたのだった。

呼ばれたとき、そんなことは聞いていなかった。つまり、これは美智子さんのサプライズだったのだ。

昼間の美智子さんとの出会いだけでも胸がいっぱいだったのに、茂兄に再び会えて僕の動揺はマックスだった。

こうして、美智子さんの粋な計らいにより、僕は茂兄と二度目の対面を果たすことができたのだった。

40 『人は話し方が9割』の奇跡

日本一のビジネス書作家

「おう、こうき来たか。ひさしぶり。美智子が突然連絡したみたいでごめんな」

「い、いえ。とんでもないです」

再会もうれしかったのだが、出会い頭、気さくに「こうき」と呼んでもらえたことも、僕の喜びを膨らませてくれた。

よし、今日は前回のリベンジだ。これまでの思いのたけと感謝を思いきり伝えよう。僕はそう決めた。

「いま仕事の会議をしてたんだよ。紹介するね」

その場には茂兄の他に二人の出版関係の男性がいた。僕が呼ばれたその場所は、茂兄の主宰している出版オフィスで、たまたまその日、新刊の企画会議が行われていたのだった。

「こちらはすばる舎っていう出版社の編集長の上江洲さん、そして彼は営業副部長の原口くん」

「知ってます！」

思わず大きな声をあげてしまった。

目の前にいる人たちは僕が本の世界で読んだ人たちだった。

茂兄が書いたお母さんの本『喜ばれる人になりなさい』に登場した二人だったのだ。

僕はその本に感動しすぎて、たくさん買い込み、いろんな人に配りまくっていた。

本の登場人物たちがあっさりと目の前に登場すると、人の頭は思考停止する。そのとき僕の頭は完全にその状態になっていたと思う。

戦後史上初の大記録

13年前、『斎藤一人の道は開ける』を書いた茂兄は、今では日本一のビジネス書作家になっていた。

その記録を作った大ベストセラー『人は話し方が9割』は2020年に日本で出版されたビジネス書で日本一を獲得。

そして2021年には日本のすべての本（マンガ、文庫をのぞく）をふくむ総合ランキングで日本一。

そして2022年、戦後史上初のビジネス書3年連続日本一を1カ月後に控えていた（結果3連覇達成。それどころか2023年の上半期も日本一）。

上江洲さんと原口さんこそが、その本を生み出した立役者なのだ。

目の前に現れたのは、現役ではあるが、すでに出版業界のレジェンドと呼ばれている人たちだった。

そのテーブルの上にはダイワのフルーツサンドが並んでいた。

僕を呼ぶにあたって、美智子さんがあらかじめ買い、僕たちのフルーツサンドについて、そのメンバーたちに熱く語ってくれていたらしいのだ。

この日を境に、茂兄は僕のことをとても可愛がってくれるようになり、茂兄だけでなく、そのまわりにいたすばる舎の上江洲さん、原口さんといろんな話をしていく中で、チャンスをもらい、こうして出版させていただけることになった。

41
道「ならば」開ける

どの道を進んでも正解

出版が決まったことをきっかけに、僕は本を書くということを学ぶために、茂兄のところに通うようになった。

執筆の相談、経営のアドバイスもふくめ、ごはんに連れて行ってもらったり、相談に乗ってもらったり、いまではとても可愛がってもらっている。

僕に引きずられるように、軍師である芳賀さん、創業メンバーであるりょうすけやたいしたちも、いつのまにか茂兄の人間力に魅せられ、気がつけば東京にいる日程が増えていった。

そんなある日、経営のことで先行きを見失いそうになったとき、茂兄から印象深い言葉をもらった。

「こうきはまだ自分の進みたい道がはっきりしてないね」

「そうなんです。会社を大きくすることが正しいのか、いまのスタンスをキープしていきながら会社を強くしていくのか、もしくは違った事業に参入していくのか、選択肢が多すぎて迷ってます」

「俺はどの道を進んでも正解だと思うよ」

「そうなんですかね」

「いや、もうちょっと突っ込んで言えば、『どの道が正解なのか』じゃなくて、『自分が選んだ道を正解にするんだ』、それくらいの覚悟を持てば後悔しないよ」

自分の選んだ道を正解にするという覚悟。

この言葉は僕の中で特に印象に残った。

進む道であれば不思議と最初からうまくいく

道。その自分の道っていうのはどうすれば見つかるのだろう？

僕は茂兄にそのことを聞いた。

「もし最短でそれを見つけたいなら、いま目の前にあることをとことんやってみることだな。いま目の前にあることを全力でできない人は、たとえ自分の道を見つけたとしても、結局中途半端になるだけだよ」

「目の前にあること……」

「こうきにとって経営はもちろんだけど、いまの時点で言えば、次目の前にきた課題が出版だな」

「正直はじめてのことなんで不安です」

「当たり前だよ。はじめはみんな素人なんだから。もしこうきにとって出版が進む道ならば、必ず本は売れる。そうじゃなかったとしたら進む道じゃないと思って次を探せばいい」

「売れなかったら道じゃないってことですか？」

「うーん、それは一概には言えないけど、進むべき道であれば、不思議なくらい最初からうまくいくもんなんだよ。逆に道じゃないときは、まるで天が『君の進む道はそっちじゃないよ』って言ってるかのように、がんばってもがんばっても失敗する。その人が自分の本来進むべく道を見つけさせるためにね」

「深いですね」

「こうきのフルーツサンドはいきなりうまくいっただろ？」

「そんなことないですよ。めちゃくちゃ苦労しました」

「それはそうかもしれないけど、5年でここまできてるってのは、うまくいってるとしか言いようがないよ。世の中にはおまえよりもっともっと苦労してもうまくいかない人ってたくさんいるんだから。それに比べたら信じられないスムーズさだよ」

たしかにそう言われれば、そうかもしれない。

「まあ、いずれにせよ、こうきにとっていまの時点で進む道のセンター軸は、間違いなくフルーツサンドの事業だよ」

42 何のために、誰のために

何のために、誰のために

フルーツサンドの事業はこの5年間突っ走ってきた。しかし、この時点で、自分がここから先のゴールを見失いそうになっていたのだ。そのことを茂兄に言った。

「そんなときは、いったん先のことを考えるのをやめて、いまやってることに意味を見つけたらいいよ」

「意味ですか？」

「そう。『何のためにフルーツサンドを売ってるのか』、『誰のために売ってるのか』、そこを考えたらいいんじゃないか」

僕は何のために、誰のために事業をやっているんだろう。

そこを考えたが、すぐに答えは出なかった。

「茂兄は、何のために、誰のために本を書いているんですか？」

「もちろんだけど、まず1つ目の『何のために』の部分では『本の力で日本を元気にするために』だな。

そして『誰のために』の部分では、まずは何をおいても『読んでくれる読者さんのために』が1つ目。そして2つ目は『本を作って売ってくれる出版社さん、書店さん、取次会社さんのために』。最近、出版業界が元気がないけど、いい本を作れば業界が少しだけ明るくなるからね。そして3つ目の存在は『これまで応援してくれた人たちのために』かな」

すごい。この言葉が瞬時に出てきたことで、茂兄がふだんどれくらい「何のために、誰のために」を考えているかがすぐわかる。

日本一になる人の軸は伊達じゃない。そう思った。

「なるほど。たしかにそのとおりですね」

「そしてもうひとり、喜んでほしい大切な人がいる」

「誰ですか？」

「恥ずかしいんだけど、まあすでに本に書いたからな」

「茂兄のお母さんですか？」

「うん」

じいちゃんが教えてくれたことを世の中に届けるために

『斎藤一人の道は開ける』と並んで、いや、ひょっとすると茂兄の本で一番大好きな本である『喜ばれる人になりなさい』。

その本の中で、茂兄とお母さんの永遠の別れのシーンがある。

タイトルどおり、「喜ばれる人になりなさい」が口癖だったお母さんの亡き後、数カ月後に出てきた遺書の言葉で茂兄は「日本一の著者になる」と決めて東京に出てきて4年で日本一になった。

そのとき遺影の前で「あなたはこの勲章を使って何をするの?」とお母さんから問いかけられた気がして次にはじめたこと。

それが「新しい著者を育てる」ということだった。

茂兄の「誰のために」の中には「天国にいるお母さんに喜んでもらうために」がずっとあるのだ。

そしてありがたいことに、その中の一人に僕自身も選んでもらえたのだった。

じいちゃんの言った「フルーツサンドをたくさんの人に届けなさい」この約束を果たすために。

ダイワのみんなが喜んでくれる会社にするために。

一人でも多くの人を笑顔にするために。

茂兄の「何のために、誰のために」という話を聞いているうちに、事業の意味が見えてきた。

「茂兄、僕、もう一度がんばってみます」

「うん。こうき、喜ばれる人になろうな」

「喜ばれる人になる、いい言葉ですね」

喜ばれる人になる。茂兄のこの言葉が、「与える人になりなさい」と言ったじいちゃんの最期の言葉と重なった。同時に茂兄から目の前に新しい道を照らされた気がした。

「日本一になりたいなら日本一の街に行け」

僕はじいちゃんのこの言葉で東京に行った。

こうした素晴らしい人たちと会うことができたのも、じいちゃんが背中を押してくれたおかげであるということが、いま振り返ってよくわかる。

最終章

フルーツサンド行進曲

43 こうしてタスキはつながっていく

落としたタスキ

「あの、茂兄」

「ん？　どうした？」

「ついでに僕の過去の話を聞いてもらってもいいですか？」

「もちろんだよ。聞かせてくれ」

僕は、それまで自分の心の中でクリアできていなかったことを聞いてもらうことにした。

中学生になり、僕は陸上部に入部した。

小学生のころからマラソン大会が好きだったこと。そして、陸上部は他の部活とは違い、男子と女子が一緒に練習をする。

それが僕が陸上部を選んだ一番の理由だった。

そんな不純な動機で入部した陸上部だが、長距離走が得意だったことから、同時に駅伝部にも所属することになった。

女子と毎日楽しく練習ができると期待をしていた僕の夢は、入部後すぐに打ち砕かれたのだった。

練習はとにかくきつかった。

中学生だというのに毎日課せられるノルマは20キロ近くの持久走。おまけに筋トレのコーチが厳しく、育ちざかりだった僕の体は毎日悲鳴をあげていた。

しかし、かっこつけたがり屋だった僕は、女子に「かっこいい」と言われたい一心できつい練習にも耐えてきた。

2年生になり、いままでのがんばりが認めてもらえたのか、たくさんの先輩がいる中、僕はレギュラーのポジションをもらえるようになった。

そんな僕は、大きな大会で走ることも少なくなかった。駅伝の大会に出たときの、沿道の観客からもらえる黄色い声援。

そのときに感じる高揚感は、僕にとって駅伝部を続ける大きな原動力となっていた。

じいちゃん、ばあちゃんも応援に来てくれた。

3年生となり、部活もいよいよ最後の年。僕の学校は駅伝部に特に力を入れていたということもあり、毎日の練習はさらに激しさを増していた。

その練習を負担に感じていた僕は「もうそこまでがんばらなくていいや」と、何も考えずにあっさりと部活をやめてしまった。

部活をやめて晴々とした気持ちで残りの学校生活を過ごすんだ、そう思っていた僕の心は、時間とともに逆方向に向かいはじめていた。

自分でやると決めてはじめた駅伝部。それを中途半端に投げ出したということへの後悔が、僕の心に深く刻まれてしまっていた。


僕が抜けたあとも、チームメイトは毎日のきつい練習に耐えていた。

毎年優勝をしていた駅伝大会。その年、僕の学校は優勝することができなかった。

僕がいれば優勝できたのかといえば、そうではないのかもしれない。

しかし「一度やると決めたことを最後までやりきらなければ後悔だけが残る」ということを、僕は中学生ではじめて経験したのだった。

それはまるで、みんなでつないできたタスキを自分の番で落としてしまい、次につなげることができなかった、そんな感覚だった。

そしてそのことは僕の大きな挫折と後悔として、ずっと心の片隅に残っていた。

僕らはみんな託されている

茂兄は黙ってうなずきながら僕の話を聞いてくれたあと、こんな話をしてくれた。

そしてその内容が、僕自身の過去からの卒業と、僕の新しい道へのスタートとなった。

「こうき、そのタスキ、落ちてないよ」

「いや、僕にとっては落としたも同然なんです」

「たしかにそのときのタスキは落としたかもだけど、おまえのところにはちゃんとタスキがきてる。わからないか？」

いろいろ考えたが、そのタスキが何を指すのか、わからなかった。

「おじいちゃんからのタスキだよ」

「僕のじいちゃんですか？」

「そう。おじいちゃんはおまえに『幸せを届けておいで』ってタスキを渡して人生を終えたんじゃないか？　タスキを渡し終わって力尽きた駅伝の走者みたいに」

たしかに。言われてみれば僕はじいちゃんからそのタスキを受け取っていることを忘れていた。というより、そういうふうにじいちゃんの思いを捉えたことはなかった。

茂兄は続けた。

「こうき、俺たちってさ、過去の人たちの意思のタスキを受け取りながら生きてると思うんだよ。誰もがね。ただ、そのことに気づく人は少ないけど」

「たしかにそんなこと、考えもしなかったです」

「でももう気づいたよな。そのタスキに気づいたなら、あとは走るだけだよ。しかもおまえの渡されたタスキは大きいよ。何しろ渡した人が似鳥会長だったり斎藤一人師匠だからな」

「斎藤一人さんには会ったことがなくてもですか？」

「そうかもしれないけど、一人師匠のタスキを受け取った俺のところに来ただろ？　自分じゃ気づいてないかもしれないけど、おまえはすでにそんな運命で、そんな役割なんだよ」


中学時代に中途半端なまま終わって、後悔だけが残った駅伝部。

みんなからのタスキを次につなぐことができなかったあの後悔を挽回するのは、もしかしたらこれからの人生なのかもしれない。

「こうき、次はおまえの番だ」

「僕の番？」

「そう。次は、おまえがこのフルーツサンドや本を通して、世の中に喜ばれる人になってこいよ」

武者震いというのだろうか、何かとても大きな大きな役割を与えられたかのような気持ちになり、鳥肌が立った。

おそらく似鳥会長や斎藤一人師匠がいたからなのだろう。

茂兄は、あえてそこに並べて自分の名前を入れてはいなかったが、茂兄からも大切なタスキを渡されたような感覚になった。

僕にとってのシャンクスであり、尊敬する茂兄から「喜ばれる人になれ」というタスキを手渡され、僕の番へとまわってきた。

それはまるでシャンクスから麦わら帽子を渡されたルフィの、そのときの感覚にも似たものだったような気がする。

このタスキこそは、僕の人生をかけて走りぬき、必ず次の世代につなげよう。

その覚悟が決まった瞬間、僕の使命があらためて明確になった。

幸せのタスキリレー

じいちゃんが最後、病院で遺言みたいに走り書きで書いていたメモがあった。その紙にはこう書いてあった。


「財」を残すは「下」

「仕事」を残すは「中」

「人」を残すことこそ「最上」である

お金を残すことは大切なこと。

たくさんの仕事を残すことはそれ以上に大切なこと。

でも、もっと大切なことがある。

それは自分のまわりに自分を頼ってくれる、信頼してくれる、そんな人を残すということ。

自分もその人たちを信頼し、大切にしなさい。次の世代を担う人材を育てなさい。

それがじいちゃんが亡くなる数時間前に、最後の力を振り絞って残してくれたメッセージだった。

そして、それこそがじいちゃんが僕にくれた幸せへのタスキそのものだったのだ。

僕の使命は、フルーツサンドを通して「人に幸せを届ける」こと。

そして欲をいえば、僕と出会ってくれたスタッフ、お客さんに、僕と出会ってよかったと言ってもらえるような、そんな人になりたい。

「さぁ、フルーツサンドたちよ、みんなのもとへ幸せを運んできておくれ」

この願いを込めながら、僕らはこれからも仲間たちとともに、一歩一歩未来へ向かって歩いていく。

じいちゃんが渡してくれたタスキをかけて。

次は走者ではなく、フルーツサンド行進曲の奏者として。

それぞれの個性を音符にして、未来への譜面に乗せながら。

フルーツサンド行進曲、奏者募集。

あとがき　行進曲の意味

おかげさまで初となる出版を無事終えることができました。まずはじめに、ここまで読んでくださったあなたに心から感謝します。

「出会いこそが運である」これは僕がとても好きな言葉です。

執筆を終えたいま、あらためて「たくさん失敗してきたけど、我ながら運だけはよかった」と思うことができています。

「与える人になりなさい」

これが口癖だったじいちゃんがいてくれたこと。

フルーツサンドを心から愛し、ともにたくさんの方々に届け続けてくれるダイワの仲間たち、そしてパートナー企業の皆様がたくさん支えてくれたこと。

お客さん、ＳＮＳのフォロワーさんにたくさん応援していただけたこと。

現在、業界日本一を驀進中の出版チームの方々と仕事ができたこと。

こうしたすべての方々との出会いのおかげで、僕たちのストーリーを奏でることができました。

これまで出会うことができた人たち、そしてここから出会う人たちと、さらに新しい譜面を書きながら演奏していきたい。

そんな思いを込めて、サブタイトルを「フルーツサンド行進曲」と名付けさせていただきました。

ここから先、読者さんとしてなのか、お客さんとしてなのか、ＳＮＳのフォロワーさんとしてなのか、もしくはスタッフとしてなのか、あなたとどんな形での出会いになるのかはわかりません。しかし、もし「この著者やダイワのメンバーたちっておもしろそうだな」とピンとこられた際には、ぜひここからともにあなたもこの行進曲にご参加いただけるとうれしいです。

もう読んでいただいたあなたにはおわかりのことだと思いますが、僕自身、この行進曲が奏でられてきた中で、何とも行き当たりばったりの頼りない指揮者でした。正直何度も失敗したり、まわりを傷つけたり、たくさん迷惑もかけてきました。起きたことを思い出しながら、反省と懺悔が何度も湧き上がり、「本当に自分が本を書かせてもらっていいのだろうか？」と、原稿を書きながら何度も執筆を挫折しそうになることもありました。

本というのは、これまでの僕にとっては「読んで学ぶ」ためのものでした。その本の内容を「ここは違うだろ」とか、「いいこと書いてないな」と心のどこかで批判しながら文章を読み飛ばしたりしていました。途中で読むのをやめてしまうこともありました。

しかし、今回、自分自身がまさかの執筆のチャンスをいただけたことで、世の中にある本の一文字一文字に対して、著者さんや出版社のみなさんがどれだけ想いを込めて、文章を紡いでいるのか、ということをはじめて知りました。

そしてこの本も例外なく、多くの方々のご協力と情熱、そしてあたたかい応援のおかげで、無事に誕生することができました。この場をお借りして、感謝を伝えさせてください。

まずはこの企画を世に出してくださったすばる舎の上江洲安成編集長、そして編集部の三宅承さん。お二人の文字にかける情熱のおかげでこの本が生まれました。何度も何度もチェックし、「この表現で本当に読者に伝わるのか?」という言葉に表される商品開発にかける姿勢が、ここから先、商品を作っていく人間として、本当に勉強になりました。

営業部副部長の原口大輔さん、武藤康之さん、歌川祐毅さん。「こうきさん、書店展開は僕たちに任せてください」と執筆で悩んでいる僕の背中を押してくれましたね。また出版の流通という道の世界をたくさん教えてくださって本当にありがとうございます。「いいものを世の中に届ける」営業部のみなさんの販売に対する志にふれることができたことが、今回の執筆で得た大きな宝です。

そして出版前から何度も食事や懇親会に誘ってくれ、いつも笑顔で迎え入れてくださった徳留慶太郎社長。みんなの話を笑顔で聞き、大きな器で受け入れている社長の姿は僕の憧れです。ここからも、リーダーシップを学ばせてください。

僕より4カ月前にデビュー作『ストロベリームーン』を出版し、僕にたくさんのアドバイスをくださった芥川なお先生。なお先生、今回の企画を通して出会うことができ、著者の先輩としてたくさんの応援、そしてお言葉をいただけたことに感謝でいっぱいです。『ストロベリームーン』もここからどんどんいろんな人に紹介していきます。著者の先輩としてここからもご指導よろしくお願いいたします。

帯に素敵なお言葉をくださった株式会社ニトリの似鳥昭雄会長、本当にありがとうございます。似鳥会長のお言葉に恥じることのないよう、商人として精進していきます。またニトリ観光果樹園のさくらんぼの木の下でたくさんのお話を聞かせてください。

日本を代表するYouTuberとして応援してくれた「しばゆー」へ。

しばゆー、帯コメント本当にありがとう。しばゆーと同じ高校の同級生でいれたことを誇りに思ってます。僕もしばゆーや東海オンエアをここからもずっと応援していきます。

編集協力をしてくださった池田美智子さん。美智子さんが僕の人生に明るい光をくれました。この本も、そして茂兄をはじめとする皆さんとの出会いも、美智子さんのあの日のメッセージがなければ決して生まれませんでした。ここからも、弟分として、ずっとよろしくお願いします。

トータルプロデュースをしてくださった茂兄こと永松茂久さん。この本のプロ

大山 皓生（おおやま・こうき）

愛知県岡崎市にある町の小さなスーパー『ダイワスーパー』代表取締役。
祖父が創業した家業・ダイワスーパーの後継を2018年に決意。しかし、社長就任初日に3000万円の赤字があることを知らされる。地域の大型スーパーマーケット進出により、経営に苦しむが、「今の環境が自分を一番成長させてくれる、やってやれないことはない!」と自分に言い聞かせ、お客さんの名前を覚えたり、手書きのチラシをポスティングしたり、やれることはなんでもやり、たくさんの奇跡が連発。日本中の旬の美味しいフルーツをかき集め、パン、クリームすべてにこだわった〝八百屋の作る本気のフルーツサンド〟が大ヒットする。「この美味しいフルーツサンドを日本中のたくさんの人に食べさせてあげなさい」という亡くなった祖父が最期に残してくれた言葉を胸に、今日も市場へ行き、愛情を込めて美味しいフルーツサンドを多くの人に届けている。『カンブリア宮殿』（テレビ東京）、『逆転人生』（NHK）などメディア出演多数。Instagramのフォロワーは75000人（2023年8月現在）。本書がデビュー作。初対面の人に、皓生の漢字を読んでもらえたことは人生で一度もない。「皓」は「あきら」で変換すると比較的出やすい。

Instagram
@358daiwa

ホームページ
https://daiwa358.com/

ダカフェ
@358dacafe

与える人になりなさい
じいちゃんと僕たちの、フルーツサンド行進曲

2023年9月7日　第1刷発行

著　者　大山 皓生

発行者　徳留 慶太郎

発行所　株式会社すばる舎
〒170-0013　東京都豊島区東池袋3-9-7　東池袋織本ビル
TEL　03-3981-8651（代表）
03-3981-0767（営業部）
FAX　03-3981-8638
https://www.subarusya.jp/

印　刷　ベクトル印刷株式会社

落丁・乱丁本はお取り替えいたします

ISBN978-4-7991-1159-8